Arne Krüger

Köstlichkeiten aus dem RÖMERTOPF®

Eduard Bay · D 5412 Ransbach

® = international registriertes Warenzeichen der Fa. Eduard Bay

Originalausgabe · 4. Auflage von 60–80 Tausend ·
Fotos: Arne Krüger · Zeichnungen: Nana Reinhardt · Gesamtgestaltung: Arne Verlag, 6071 Götzenhain, Schloß Philippseich
Herstellung: Druckhaus Schmidt & Bödige, 65 Mainz

ISBN 3-87059-091-2 BAY-Best.-Nr.: 980 91

Inhalt

Vorwort

Der Wunsch, sich richtig zu ernähren und dabei gleichzeitig aber auf eine immer modernere, leichtere, zeitsparendere Art zu kochen, führt zu immer neuen Entwicklungen in der Küchentechnik. Die komplizierten Ergebnisse regen Erfindergeistes sind an die Stelle des Herdes und Kochtopfes getreten. Für viele Hausfrauen ist damit der Alptraum von der Küche mit vielen Knöpfen, Schaltern und Hebeln Wirklichkeit geworden. Nun soll hier natürlich nicht das hohe Lied des braven Mütterchens am Herde gesungen werden, das mit hochroten Wangen in vielen Stunden und natürlich ebenso vielen Tiegeln, Pfannen und Töpfen ein schmackhaftes Gericht zustande bringt, dabei aber selbst ob der vielen Arbeit den Spaß am guten Essen verliert. Es wäre töricht, technischen Fortschritt da nicht zu akzeptieren, wo er das Leben erleichtert, ohne zu schaden. Aber es wäre genauso töricht, ihn um jeden Preis anzunehmen. Also auch da, wo er um seiner selbst willen, d. h. zu Nutzen der Industrie entwickelt wurde.

Die Unterscheidung ist hierbei sehr einfach. Und es gibt durchaus Kriterien, die es jeder Hausfrau ermöglichen, das Richtige für ihre Küche auszuwählen und danach einzukaufen. Da ist zunächst einmal die grundsätzliche Frage nach der Vereinfachung der täglichen Arbeit. Da ist dann die Übereinstimmung der Leistung des Gerätes mit der Größe des Haushaltes. Und schließlich sind es die Aspekte der Gesundheit und des Wohlgeschmacks der auf eine neue Art zubereiteten Speisen. Wenn wir hier nach einem Punktsystem vorgehen, so würde der RÖMERTOPF in der Bewertungsskala eine Spitzenposition einnehmen. Und um eben diesen RÖMERTOPF soll es ja in unserem Buch gehen. Um die Vielfalt seiner Verwendung in der Küche. Um die gesunde Art der Zubereitung und, und das nicht zuletzt, um die zeitsparende leichte Art des Kochens im RÖMERTOPF.

Als vor einigen Jahren der erste RÖMERTOPF auf den Markt kam, wurde nur eine Zubereitungsart wiederentdeckt, die schon in den Uranfängen menschlicher Entwicklungsgeschichte bekannt und — dies wollen wir annehmen — beliebt war. Immerhin wurde Ton- und Keramikgeschirr bereits sechseinhalb Jahrtausende vor unserer Zeitrechnung benutzt. Gefäße mit nur kleiner Öffnung, in denen die Speisen im eigenen Saft, auch bei der sehr unterschiedlichen Hitze des offenen Lagerfeuers, gleichmäßig und bekömmlich gegart werden konnten.
Noch älter ist wahrscheinlich die Zubereitungsart, mit feuchtem Lehm ein Fleischstück oder einen Fisch zu umhüllen und diesen Batzen dann in der Glut des Feuers zu erhitzen. Wenn der Tonmantel kalt geworden war, wurde er zerschlagen und das Feinschmecker-Fest unserer Urahnen konnte beginnen. Vor allem im Mittelmeerraum hielt sich diese Methode des Bratens und Schmorens bis in unsere Tage. Daß die römischen Legionäre bei ihren „Reisen" durch Europa und Nordafrika ihre häufig recht anspruchsvollen Gerichte à la RÖMER-

TOPF zubereiteten, kann als sicher angenommen werden.
Weshalb aber war nun die Wiederentdekkung der Tonform als idealer Koch- und Brattopf so erfolgreich?
Ganz sicher zunächst einmal, weil das Rustikale, das Ursprüngliche dieser Zubereitungsart so deutlich und klar ersichtlich ist, und weil es ein wenig abenteuerlich war, in dieser Form zu kochen. Aber schon bei dem ersten Versuch erkannte die Hausfrau (oder war es im Fall des RÖMERTOPFES häufiger der Mann, der die erste Begegnung herbeiführte?), daß mit dem Kochen im RÖMERTOPF all die Forderungen moderner Ernährung in idealer Weise erfüllt wurden. Ohne sich mit theoretischen Fragen auseinandersetzen zu müssen, ohne Kalorientabellen, ohne Schlankheitsmenüs, kann im RÖMERTOPF bei konsequenter Anwendung seiner Möglichkeiten das Essen gesund, bekömmlich, fettarm, vitaminreich und dennoch schmackhaft, ja herzhaft zubereitet werden.
Im RÖMERTOPF macht Kochen wieder Spaß. Die Vielfalt seiner Möglichkeiten regt zu immer neuen Versuchen an und fordert den Erfindungsreichtum heraus. Für kaum ein anderes Kochgerät wurden so viele neue Rezepte, so viele ganz eigene, individuelle Speisenkompositionen erdacht.
Deshalb soll Sie dieses Buch aber nicht einschränken, eigene Ideen zu verwirklichen. Es soll vielmehr anregen, ein wenig herausfordern, zu eigenen Versuchen, zu neuen großen Taten der Kochkunst. Die hier vorliegenden Rezepte sind erprobt. Sie sollten auch noch ungeübten Hausfrauen oder Hobbyköchen gelingen. Aber hinter jedem Rezept tut sich das weite Land der individuellen Variationen auf. Wagen Sie die gefahrlose Expedition und entdecken Sie die Freude am Kochen mit dem RÖMERTOPF.

Die Zubereitung von Speisen im RÖMERTOPF ist problemlos einfach. Es ist keine umfangreiche Gebrauchsanweisung erforderlich, um gute Arbeitsergebnisse zu erzielen. Einige wenige Hinweise genügen, und der RÖMERTOPF kann zum täglichen Bestandteil der Küchenpraxis werden.

So müssen Sie den neugekauften RÖMERTOPF zunächst einmal ungefähr 1 Stunde mit klarem, kaltem Wasser bedecken, um ihn von allem Staub der Herstellung zu reinigen und dabei gleichzeitig die Poren für den späteren Garprozeß der Speisen aufzuschließen. Mit einer Bürste können Sie ihn dann noch kurz abspülen und schon steht er für die künftige Benutzung zur Verfügung. Aber auch später soll der RÖMERTOPF vor jedem Einsatz etwa 15 Minuten gewässert werden. Er darf nie auf eine offene Flamme oder die eingeschaltete Platte Ihres Elektroherds gestellt werden. Und wenn Sie Speisen im erhitzten RÖMERTOPF nachträglich mit Flüssigkeit übergießen, so muß diese Flüssigkeit Raumtemperatur haben. Wird der RÖMERTOPF nach dem Garen der Speisen aus der heißen Backröhre genommen, so muß er immer auf ein Tuch oder ein Holzbrett gestellt werden, um ein Zerspringen zu vermeiden.

Auf einen kurzen Nenner gebracht, handelt es sich also um die beiden Formeln: den RÖMERTOPF grundsätzlich vor der Zubereitung der Speisen wässern und niemals einem starken Temperatursturz aussetzen. Mit dieser Formel haben Sie dann aber schon alles über die Technik des Kochens im RÖMERTOPF erfahren.

Der „alltägliche" RÖMERTOPF

Was jetzt noch folgt, soll Ihnen helfen, ein wenig mehr von den Vorgängen zu verstehen, die sich während des Kochens in Ihrem RÖMERTOPF abspielen und die Anwendungen in der täglichen Küchenpraxis nach den eigenen Vorstellungen erleichtern.

Abweichend von allen anderen Brat- oder Kochgefäßen aus Glas, Porzellan, Metall oder auch in Ausnahmefällen aus Kunststoffen, verläuft der Garvorgang im RÖMERTOPF nicht unter Luftabschluß. Vielmehr erlaubt das poröse keramische Material eine Atmung. Es nimmt Flüssigkeit auf und gibt sie sowohl in den Innenraum als auch nach außen ab. Aus diesem Grund das Wässern der Tonform vor Beginn des Kochvorgangs. Dadurch wird während der gesamten Zeit des Garens eine Dunstglocke über dem Gargut erzeugt, die ein Austrocknen verhindert. Dabei wird jedoch durch die sehr langsame Verdunstung nach außen die Voraussetzung für ein allmähliches Eindicken, zum Beispiel des Bratensaftes, geschaffen. Es braucht hier sicher nicht betont zu werden, daß nur ein solcher, langsam ausgegarter Bratensaft eine wirklich herzhafte Grundlage für die spätere Sauce bilden kann. Saucen gehören nun einmal zu einem vollständigen Essen. Daß sie darüber hinaus im RÖMERTOPF sehr fettarm zubereitet werden können und auch nur mit sehr geringen Zusätzen von Bindemitteln versehen werden müssen, ergibt sich aus der Besonderheit des Bratvorganges. Der eingedickte Bratensaft braucht also wirklich nur durch geringe Zugaben von Wasser oder Brühe und etwas Stärkemehl zur schmackhaften Sauce verbessert werden.

Nach dem Einrühren des Stärkemehls sollte der RÖMERTOPF noch etwa 15 Minuten im heißen Ofen verbleiben.

Natürlich können Sie auch den Fond abgießen und die Sauce getrennt in einem anderen Gefäß auf der Elektro-Kochplatte oder Flamme zubereiten. Dies ist immer dann nützlich, wenn Sie im RÖMERTOPF ein sehr großes Bratenstück haben, das ein gutes Verquirlen der beigegebenen Instant-Sauce oder des Stärkemehls verhindert.

Auch ein Eintopfgericht wird durch den langsamen Ablauf des Kochprozesses und die gleichzeitige Möglichkeit des ebenso langsam ablaufenden Verdunstungsprozesses in einer sehr schonenden Weise herzhaft und wohlschmeckend.

All diese Vorgänge laufen jedoch ohne äußere Einwirkung ab. Denn nach dem Einlegen der Speisen in den RÖMERTOPF und nach dem Einstellen in die Bratröhre ist der Kochvorgang weitgehend „wartungsfrei“. Dabei wird der RÖMERTOPF grundsätzlich in den kalten Ofen eingeschoben und in einem Elektroofen dann automatisch auf die vorgesehene Dauerhitze gebracht, während in einem Gasherd der Backofen in 5-Minuten-Abständen langsam von der kleinsten Einstellung bis zur mittleren Flamme (5) aufgeheizt werden muß.

Der Garvorgang beginnt fast ausnahmslos immer im geschlossenen Topf. Erst ganz zum Schluß, und meist nur für wenige Minuten, kann der Deckel abgenommen werden, um ein zusätzliches Überkrusten in der offenen Form zu erreichen.

Die gesamte Zubereitungszeit richtet sich ein wenig nach den individuellen Gegebenheiten des jeweiligen Backofens. Das eine Gerät heizt sehr viel schneller auf, erreicht also die eingestellte optimale Hitze schon sehr viel früher. Das andere Gerät erfüllt die Temperaturangaben nicht im vollen Umfang, braucht dementsprechend also länger. Ein drittes heizt in den verschiedenen Teilen des Ofens ungleichmäßig. Aber auch zu häufiges Öffnen der Bratröhre und das Abnehmen des Deckels führen zu Veränderungen in der tatsächlichen Garzeit. Deshalb sind alle Angaben mit geringfügigen Differenzwerten nach oben oder unten zu betrachten.

Aber bitte leiten Sie hieraus kein Gefühl der Unsicherheit ab. Denn diese geringfügigen Differenzen können nie zu einem Verbrennen der Speisen führen. Auch wenn Sie sich ganz streng an die angegebenen Garzeiten halten, und der Ofen die wirklich maximale Leistung erbringt, wird Ihr Braten niemals anbrennen oder zu stark austrocknen, und auch Ihr Eintopf wird nicht zu stark eindicken. Der sehr schonende Ablauf des Kochvorgangs erlaubt durchaus Zeitüberschreitungen von rund 10% der angegebenen Werte.

Was ist aber nun in all den Fällen, in denen eine feste, vorgeschriebene Garzeit nicht angegeben oder nicht bekannt ist? Wie kommen Sie zu einer voraussichtlichen Garzeit, wenn Sie ein eigenes Rezept probieren und dennoch nicht die ganze Zeit vor Ihrem

Ofen stehen wollen? Hier ein Hinweis über die ungefähre Richtzeit. Rechnen Sie zu der Ihnen ja bekannten Garzeit des vorgesehenen Gerichts etwa 1/4 bis 1/3 der Zeit hinzu.

Diese verlängerte Garzeit bedeutet nun aber zwangsläufig nicht längere Arbeitszeit. Denn, wie bereits gesagt, Sie sind während des gesamten Garvorganges unabhängig. Der RÖMERTOPF braucht nicht kontrolliert oder nachgesehen zu werden.

Und auch nachher sparen Sie eine Menge Zeit. Denn das äußerst unangenehme Reinigen des Backofens entfällt völlig. Die Bratröhre bleibt sauber, und der RÖMERTOPF ist im Nu gereinigt. Mit etwas warmem Wasser und einer geringen Menge flüssigem Spülmittel entfernen Sie die Speisereste und öffnen die Poren der Außenwände für den nächsten Braten oder Kochvorgang. Durch sorgfältiges Ausspülen mit klarem Wasser wird dieser Effekt noch verstärkt. Auf keinen Fall dürfen Sie scharfe oder chlorhaltige Scheuermittel verwenden. Reste dieser Scheuermittel bleiben in der porösen Außenhaut, sie verstopfen die Poren, beeinträchtigen den Geschmack und machen die Form unbrauchbar.

Sollte die Tonform wirklich einmal unansehnlich geworden sein, so können Sie sie zusätzlich etwa 30 Minuten mit klarem Wasser gefüllt, eventuell unter Hinzugabe von etwas Essigessenz, im Backofen auskochen. Dadurch werden dann wirklich auch die letzten Fettrückstände beseitigt. Nach dem Spülen sollten die beiden Topfhälften an einem luftigen Ort vorgetrocknet und auch nachher möglichst nicht verpackt gelagert werden. Machen Sie also nicht den Fehler, den RÖMERTOPF nach jedem Gebrauch wieder in seine Verkaufspackung zurückzustecken. Es bekommt ihm, wie gesagt, nicht. Aber, und das ist noch viel wichtiger, es entspricht auch nicht seiner Aufgabe. Denn er soll ja wirklich greifbar und für den alltäglichen Gebrauch in der Küche anwendbar untergebracht werden. Gerade diese Vielfalt der Verwendung, dieses „alltägliche“, soll durch die Rezepte in den weiteren Kapiteln unseres Buches deutlich gemacht werden. Denn der RÖMERTOPF beweist seine besonderen Vorteile ja nicht nur bei Fleischgerichten, obwohl er hierfür durch die Bratstege auf dem Topfboden besonders gut geeignet ist. Er ist bei Fischgerichten, bei Wild, Eintopf, bei Beilagen, Suppen und Nachspeisen ebenfalls ausgezeichnet zu verwenden.

Natürlich können Sie in einem RÖMERTOPF nicht nacheinander ein Fischgericht und dann eine Süßspeise zubereiten. Aber dies würden die meisten Hausfrauen auch in keinem Metalltopf, mit immerhin festversiegelter Außenhaut, versuchen. Wenn Sie also zu einer wirklich konsequenten Anwendung des RÖMERTOPFES in Ihrer Küche kommen wollen, dann sollten Sie sich die verschiedenen verfügbaren Modelle genau anschauen. Und danach wählen und in Ihrem Küchenschrank vielleicht Platz für zwei oder gar drei Tontöpfe verschiedener Form und Größe schaffen.

Deshalb hier eine solche Beschreibung der verschiedenen echten RÖMERTÖPFE der Firma Bay aus Ransbach im Westerwald. Da ist zunächst einmal das Modell 107. Es ist für den kleinen Haushalt — 1 bis 2 Personen — gedacht. Man kann in ihm Fleischgerichte, Geflügel oder sonstige Speisen bis zu etwa 800 g Gesamtgewicht zubereiten. Es kann auch, und diese besondere rationelle Möglichkeit verdient besondere Beachtung, zusammen mit einem der anderen Modelle in einem Arbeitsgang im Backofen untergebracht werden. So können Sie bei gleichem Energieverbrauch zusammen mit dem Hauptgericht die Beilage, Suppe oder Nachspeise zubereiten.

Das nächstgrößere Modell 109 eignet sich dann für den 2- bis 4-Personen-Haushalt. Es nimmt etwa 1,5 kg Fleisch, Geflügel oder sonstige Gerichte auf. Auch bei dieser Größe gibt es noch durchaus die Möglichkeit, zwei Tonformen in einem Arbeitsgang in der Bratröhre zu verstauen.

Im Normalfall wird man sich für das Modell 111 entscheiden. Mit dem Inhalt von rund 2,5 kg ist es für einen Haushalt von 2 bis 6 Personen geeignet. Dabei sollten Sie beachten, daß die Größe eigentlich eine untergeordnete Rolle spielt. Auch kleinere Mengen können in dieser Tonform in der gleichen Zeit und ohne höheren Energieverbrauch zubereitet werden.

Das Modell 113 ist dann als größte Tonform für die Gans, den Puter oder ein größeres Stück Wild gedacht. Natürlich kann auch in dieser großen Form alles andere zubereitet werden, und unter Umständen auch einmal ein besonders schmackhafter Eintopf als besondere Überraschung zu einer kleinen Mittags- oder Abendgesellschaft. Die Menge reicht für 6—8 Portionen.

Neben diesen nach Größen geordneten Modellen steht das Modell 114. Mit seiner langen, flachen Form ist es besonders geeignet für Fisch, aber auch für sehr lange Bratenstücke, Hasenrücken, Rehrücken, Schlegel oder Lendenstücke.

Zwischen den einzelnen Modellen gibt es keinerlei Qualitätsunterschiede. Sie sind in jedem Fall aus hochwertigem Material hergestellt, sorgfältig gebrannt und vor der Auslieferung vielfach kontrolliert. Alle Modelle sind mit den bereits erwähnten Bratstegen auf dem Boden ausgestattet, die eine gleichmäßige Bräunung des Bratgutes sichern und ein Anbacken vermeiden. Keines der Modelle aus dem Hause BAY ist mit einer Glasur ausgestattet, da die Glasur die besonderen Vorteile der Tonform wieder aufhebt und sie wieder zum ganz normalen Kochtopf zurückverwandelt.

gilt heute nicht mehr

Und noch etwas haben alle „Original-Römertöpfe“ gemeinsam: der Schriftzug Römertopf, das international registrierte Warenzeichen der Firma Bay-Keramik in Ransbach, ist im Deckel eingraviert.

~~Tel. 7050/02624~~

~~Höhr-Grenzhausen~~

Tel 02623/82282

Römertopf Keramik GmbH

Ransbach

Gut aufeinander abgestimmt - Menüvorschläge

Vorspeise, Hauptgericht, Dessert und auch die Getränke aufeinander abzustimmen, ist oft nicht ganz einfach. Es ist natürlich auch eine Sache des eigenen Geschmacks. Die nachstehenden Menüvorschläge sind also nur Leitlinien. Bei ihrer Zusammenstellung wurde aber auch die Zubereitungsdauer und der optimale Einsatz von verschiedenen Tonformen in einem Arbeitsgang berücksichtigt.

Aal-Eintopf, Kartoffelbrei,
Tomatensalat
dazu: Moselwein
*
Römische Pilz-Pastete
„Löffert",
dazu: Bier
*
in Butter gebratene Bananen
mit Himbeersauce

Rastätter Aalpastete,
Bratkartoffeln
dazu: Moselwein
*
Gefüllter Chicorée „Rom",
Petersilienkartoffeln
dazu: Bier
*
Kirsch-Grießauflauf „Odette"

Kräutersuppe
*
Fischfilet mit Gemüse und Pilzen,
Petersilienkartoffeln
dazu: Saarwein
*
Weißkohl China-Art,
Kopfsalat, Reis
dazu: Bier
*
Bananenauflauf „Juanita"

Forelle blau „Berliner Art",
Butterkartoffeln, Gurkensalat
dazu: Moselwein, Saarwein
*
Bayerischer Rosenkohlauflauf,
Salzkartoffeln
dazu: Bier
*
Käsebrett mit Brezeln

Klare Ochsenschwanzsuppe
(Dose)
*
Goldbarschfilets mit Champignons,
Kräutersauce, Reis
dazu: Moselwein
*
Gefüllte Kalbslendchen mit
Walnußmus, Rosenkohl
dazu: Rheingauer Wein
*
Sauerkirschkompott

Fischsuppe „Pedro",
Stangenweißbrot
dazu: Provence-Roséwein
*
Hasenrücken auf Ananaskraut,
Kartoffelbrei, Sahnesauce
*
Aprikosenrolle „Melanie"
dazu: Schlagsahne, Kaffee

Spargelsalat mit gehackten Eiern
und Petersilie, Toast
*
Schweinefilet mit Mandeln,
Apfelmus, gebackene Kartoffel-
scheiben
dazu: Badischer Wein
*
Bayerisches Zwiebelgemüse,
Stangenweißbrot, Kopfsalat,
Hackbraten
dazu: Bier
Schwäbischer Kirschauflauf

Karpfen „Pjotr",
Sauerkraut, Petersilien-
kartoffeln
dazu: Frankenwein
*
Pikante Kapernsteaks, Erbsen
und Karotten, Kartoffelbrei
dazu: Bier oder Elsässer Wein
*
Quittenmus mit Eierlikör
dazu: Schlagsahne

Hummersuppe (Dose)
*
Entenpastete mit Pfirsichhälften,
Getoastetes Grahambrot, Kräuter-
butter
dazu: Beaujolais
*
Helgas Zwiebackpudding
heiße Himbeersauce
dazu: Badischer Weißwein

Brandenburger Makrelen,
Salzkartoffeln
dazu: Bier
*
Großmutters Kartoffelauflauf,
Tomatensalat
dazu: Bier
*
Bananenauflauf, Obstsalat
dazu: Rheingauer Spätlese

Schwedischer Fischauflauf,
Salzkartoffeln
dazu: Moselwein
*
Alt-Wiener Lendenbraten
mit Bratäpfeln, Kartoffelbrei
dazu: Rheingauer Spätlese
*
Orangensalat mit Löffelbiskuits

Büsumer Fischröllchen,
Kartoffelbrei oder Bratkartoffeln
dazu: Moselwein
*
Kalbsbraten mit Orangen,
Spaghetti mit Tomaten und Erbsen
dazu: Badischer Weißwein
*
Schokoladen-Mandelauflauf,
flüssige oder geschlagene Sahne
dazu: Rheingauer Spätlese

Schollenfilets Maritim,
Butterkartoffeln
dazu: Moselwein
*
Ratatouille mit Fleischbällchen
dazu: Roséwein
*
Apfelstrudel, Vanillesauce

Tomatensalat
*
Hammelragout „Hakim“,
Bandnudeln, grüner Salat
dazu: Rheinhessenwein
*
Dampfnudeln

Joghurt mit Paprikamark gerührt
*
Zahme Hirschmedaillons, gebratene
Würfelkartoffeln, Rotkohl
dazu: Burgunder Rotwein
*
Bratäpfel

Schinkenbananen auf Curryreis,
Mangochutney, Ketchup
dazu: Bier
*
Königliche Wildpastete,
Cumberlandsauce oder Senffrüchte
dazu: Burgunder Rotwein
*
Reineclaudenkompott mit Butterkeks

Normannische Seezunge,
Butterkartoffeln, Tomatensalat
dazu: Saarwein
*

Hammelkotelett mit Zwiebeln,
aufgebackene Chips-Kartoffeln
dazu: Bordeaux-Rotwein
*
Vanilleeis mit Schattenmorellen

Krabbensalat
*
Bremer Grünkohltopf,
Salzkartoffeln
dazu: Bier
*
Rumtopf mit flüssiger Sahne

Schwetzinger Eierstich,
Bratkartoffeln
dazu: Badischer Weißherbst
*

Alt-Düsseldorfer Schmorbraten,
Salzkartoffeln, Tomatensalat
dazu: Badischer Weißherbst
*

Johannisbeergelee mit Sahnequark

Überbackene Auberginen,
Tomatensalat, Bohnensalat,
Kartoffelbrei
dazu: französischer Rotwein
*

Hühnertopf Melanie, gekochter Reis,
Senffrüchte
dazu: Provence Roséwein
*

Schweizer Käseauflauf

Zander-Ragout in der Form, Reis
oder überbackenen Kartoffelbrei
dazu: Rheinhessenwein
*

Ente auf Apfelrotkohl,
Zwiebelbratkartoffeln
dazu: Ahrburgunderwein
*

Mit Zimtzucker gratinierte
Grapefruithälften

Kräuterquark auf Crackern
*

Schweinefilet mit Cubanischer
Sauce, Kartoffelbrei, grüner Salat
dazu: Roséwein
*

RÖMER

Waldorfer Nußpudding, heiße Himbeersauce

Gefüllte Tomaten mit Fleischsalat

*

Hasenpfeffer für Oberförster, grüne Bandnudeln

dazu: helles oder dunkles Bier

*

Reispudding „Charlotte"

Leberknödelsuppe

*

Tegernseer Kalbshaxe, Süddeutsche Nudeln, gemischter Salat

dazu: Bayerisches Bier

*

Überbackene Erdbeereisbombe

Paprikaschotensalat mit Thunfisch

*

Berliner Sauerbraten, Schwarzwurzeln, Pellkartoffeln

dazu: Rheingauer Rotwein

*

Süßer Auflauf „Peter Tilke"

Lauchsuppentopf „Georgy", geröstete Graubrotscheiben

dazu: Bier

*

Großes gefülltes Herz, Bologneser Spaghetti

dazu: Bier

*

Apfelsinen-Auflauf, Orangensaft

dazu: Weißer Bordeauxwein

Spanischer Zwiebelauflauf, Kartoffelbrei,

dazu: Spanischer Rotwein

*

Amsterdamer Kalbsbrust, Blumenkohl mit Buttersauce

dazu: Rheinhessenwein

*

Gebackene Zwetschgen „Adele", Vanillesauce

dazu: Madeirawein

Schleie „Südlandfahrer", grüner Salat, Reis

dazu: Pfälzer Wein

*

Roastbeef in Burgunder, Erbsen auf französische Art,

Kartoffelbällchen
dazu: Badischer Rotwein
*
Mandelpudding „Ruprecht",
heiße Orangensauce
dazu: Sekt

Aal in Beaujolais,
Salzkartoffeln, gemischter Salat
dazu: Beaujolais
*
Hammelkeule Schloß Trendelburg,
Grüne Bohnen und Bohnenkerne,
Salzkartoffeln
dazu: Ahrburgunder
*
Birnen im Teig, Fruchtsaft
dazu: Portwein

Fisch für Piraten, trockenen Reis,
grünen Salat
dazu: Bier
*
Saure Nierle, Halbseidene
Kartoffelklöße, Essiggemüse
dazu: helles Bier
*
Aprikosenauflauf, Vanillesauce
dazu: Badische Spätlese

Tomatensuppe
*
Gefüllte Schweinesteaks Avignon,
gebackene Auberginenscheiben,
Würfelkartoffeln
dazu: Roséwein
*
Dampfnudeln mit Vanillesauce
dazu: Rheingauer Weißwein

Fischfiletgulasch,
Salzkartoffeln oder
Bratkartoffeln
dazu: Italienischer Rotwein
*
Böhmisches Schweinesteak, Apfel,
Kartoffeln
dazu: helles Bier
*
Mirabellen – Grießauflauf,
Biskuits
dazu: Rotwein

Chicorée im Schinkenmantel,
Kartoffelbrei
dazu: Rheinhessenwein
*
Schwarzwälder Rehpfeffer, Nudeln
oder Spätzle, Preiselbeerkompott

und Apfelmus
dazu: Ahrburgunder
*
Lieblingsäpfel „Eva",
Zwieback,
dazu: Rheingauer Wein

Seezungenfilets „Ceyloner Art",
grüner Salat, Senffrüchte
dazu: Rheingauer Weißwein
*
Balkan-Reistopf, Schweinesteaks
oder Schnitzel
dazu: Bier
*
Badischer Pflaumenauflauf
dazu: Badischer Weißwein

Lübecker Fischtopf,
Bratkartoffeln
dazu: Bier
*
Schweinerollbraten „Stuttgart",
Kartoffelsalat, gemischt mit
Splittern von Gewürzgurken und
Tomatenstückchen
dazu: helles Bier
*
Familien-Obstschüssel, Topfkuchen
dazu: Kaffee

Lyoner Auberginen,
Reis mit gehacktem Kochschinken
vermischt
dazu: Beaujolais
*

Erbsensuppe mit Eisbein, Seite 24 →

Italienische Boulette,
Tomatenspaghetti
dazu: Chianti
*
SchaumigerBiskuitpudding,
Kompott oder Weinschaumsauce
dazu: Kakao

Italienische Ofennudeln,
Kopfsalat
dazu: Chianti
*
Bodenseefelchen in Rahmsauce,
Petersilienkartoffeln,
grüner Salat
dazu: Moselwein
*
Flämischer Schinken,
überbackener Kartoffelschnee
dazu: Bier oder Frankenwein
*
Birnenkompott mit Vanilleeis

Kieler Kräuterhering,
Kräutersauce, Kartoffelbrei
dazu: Frankenwein
*
Nasi-Goreng, gebackene Bananen,
Tomaten und Gurkenscheiben,
geröstete Erdnußkerne,
Apfelscheiben, Ananasstückchen,
gehackte, hartgekochte Eier,
Tomatenketchup, Chilisauce
*
Gefüllte Aprikosen, Vanillesauce
dazu: Südwein

Indisches Früchtefilet,
Kartoffelbrei
dazu: Moselwein
*
Kalbsbraten in Rieslingsauce,
Semmelklöße,
Paprikaschotensalat
*
Quarkroulade „Higgins"

Erbsensuppe mit Eisbein
*
Aparte Fleischspieße,
körniger Reis mit Paprikastücken
oder Maiskörner mit Kräuterbutter
dazu: Bier
*
Vanilleeis mit Schokoladensauce

Herzhaft und vitaminreich - Suppe und Eintopf

Bei den allgemeinen Bemerkungen über den RÖMERTOPF wurde bereits der sehr schonende Kochvorgang ausführlich beschrieben, der zu einer besonders herzhaften Zubereitung von Eintopfgerichten führt. Das ganz langsame Eindicken erhält nicht nur die Vitamine, sondern auch alle Geschmackstoffe.

Hühnertopf Melanie

500 g Huhnstücke (am besten Keulen)
1 Teelöffel Salz
1 1/2 Teelöffel Currypulver
2 Eßlöffel zerlassene Butter
2 Zwiebeln, gehackt
1 Knoblauchzehe, zerdrückt
1 Apfel, in Scheiben geschnitten
3 Tomaten, abgezogen, in Scheiben geschnitten
2 Bananen, gepellt, gewürfelt
1/4 l Bouillon
1/8 l saure Sahne

Die Huhnstücke mit einer pastenförmigen Mischung aus Salz, Currypulver und Butter bestreichen. Den Römertopf 10 Minuten in kaltes Wasser legen, abtropfen lassen und über den Boden der Form in bunter Folge Zwiebeln, Knoblauch, Apfel, Tomaten und Bananen verteilen. Darauf die Huhnstücke legen, mit Bouillon begießen und zusammen in der geschlossenen Form im Ofen bei 220 Grad etwa 75 Minuten braten. Danach Dekkel abnehmen. Das Gericht in der offenen Form ca. 5 Minuten bräunen lassen, dann auf einer Platte anrichten und warm stellen. Unter den Fond in der Form die saure Sahne rühren, mit Currypulver nachwürzen und diese Sauce um die Hühnerteile füllen. Dazu: Gekochter Reis und Senffrüchte (fertig im Handel).

Als Getränk: Provence-Roséwein.

Für 4 Personen.

Vorbereitungsdauer: 10 Minuten.

Erbsensuppe mit Eisbein

250 g getrocknete grüne Erbsen, eingeweicht
100 g durchwachsener Räucherspeck, gewürfelt
1 Bund Suppengrün, geputzt, kleingeschnitten
1 gepökeltes Eisbein (ca. 1 kg)
4 mittelgroße Kartoffeln, geschält, kleingeschnitten oder grob geraffelt
1 l Bouillon
1/4 l Weißwein
1 Teelöffel weißer Pfeffer
je 1 Prise Thymian und Majoran
1 Bund gehackte Petersilie

Die Erbsen auf einem Sieb abtropfen lassen und zusammen mit den Speckwürfeln, Suppengrün, Eisbein und Kartoffeln in die gewässerte Form füllen. Bouillon und Weißwein dazugießen und mit den Gewürzen mischen. Die Suppe in der geschlossenen Tonform etwa 2 1/2 Stunden bei 200 Grad garziehen lassen. Zum Servieren das Eisbein vorübergehend aus der Suppe nehmen, das Fleisch von Knochen lösen und in Würfel schneiden. Dann zusammen mit der gehackten Petersilie wieder unter die Suppe mischen. Heiß servieren!

Für 4 Personen.

Vorbereitungsdauer: 5 Minuten.

Bremer Grünkohltopf

1 kg Grünkohl (tiefgekühlt außerhalb der Jahreszeit), 2 Zwiebeln
25 g Schweineschmalz

2 Knoblauchzehen, zerdrückt
1/2 l Bouillon
300 g Kassler
2 Kochwürste
1 Kartoffel
1 Zwiebel
1 1/2 Teelöffel Salz

Den Grünkohl von den Strünken abstreifen, gründlich wässern und grob hacken. Oder Packung auftauen. Grünkohl, Knoblauch und Zwiebeln gemischt in die Tonform füllen. Darauf das Schmalz in Flocken. Die Bouillon dazugießen und obenauf Kassler und Kochwürste legen. Den Eintopf in der geschlossenen Form im Ofen bei 200 Grad etwa 90 Minuten garen. Kartoffel schälen und Zwiebel pellen. Beide auf einer feinen Reibe in den heißen Kohl reiben und schnell untermischen. Noch 5 Minuten kochen und sehr heiß auf vorgewärmter Platte servieren.

Dazu: Salzkartoffeln.

Als Getränk: Bier.

Für 4 Personen.

Vorbereitungsdauer: 7 Minuten mit Tiefkühl-Grünkohl,
15 Minuten mit frischem Grünkohl.

Polnischer Kohlrübeneintopf

1 kg Steckrüben, geputzt, gewürfelt
1/2 Knolle Sellerie, geputzt, in kleine Würfel geschnitten
2 Möhren, geschält, in Streifen geschnitten
500 g Kartoffeln, geschält, gewürfelt
1 gehäufter Teelöffel Salz
1 Teelöffel schwarzer Pfeffer
1/2 Teelöffel Majoran
1 Lorbeerblatt
1 1/2 l Wasser

1 Eßlöffel Sojasoße
1 kg Gänseklein oder -keulen (Tiefkühl)
oder Hammelkleinfleisch
2 Bund Petersilie, gehackt

Steckrüben, Sellerie, Möhren und Kartoffeln miteinander mischen und die Gewürze zufügen. Zusammen in einen vorbereiteten RÖMERTOPF füllen und mit Wasser und Sojasoße übergießen. Das Gänseklein oder -keulen oder anderes Fleisch kalt abspülen, dann obenauf legen und den Eintopf in der geschlossenen Form im Ofen bei 220 Grad 90 bis 120 Minuten schmoren. Zum Servieren die Petersilie untermischen und mit Pfeffer nachwürzen.

Dazu: Bratkartoffeln.

Als Getränk: Bier.

Für 4 Personen.

Vorbereitungsdauer: 15 Minuten.

Gemüsetopf „Ostia"

60 g Speckwürfel
1 kg gemischtes Gemüse (Karotten, Kohlrabi, Bohnen, Erbsen)
2 Teelöffel Salz
1/2 Teelöffel Selleriesalz
1 Teelöffel feiner weißer Pfeffer
1 Prise Cayennepfeffer
1/2 l Bouillon
500 g mageres Schweinefleisch, gewürfelt
1/4 Kopf Blumenkohl, in Röschen zerteilt
2 Bund Petersilie

Die Speckwürfel zuerst in einen gewässerten RÖMERTOPF füllen. Das Gemüse je nach Art putzen, waschen und kleinschneiden. Dann ebenfalls in die Form legen, Salz, Selleriesalz, Pfeffer und Paprika unter die Bouillon rühren und anschließend in die Form gießen. Die Fleischwürfel obenauf legen, die Blumenkohlröschen dazu und das Ganze mit gehackter Petersilie bestreuen. Dann den Gemüsetopf in der geschlossenen Form im Ofen bei 240 Grad etwa 80 Minuten lang garen.

Dazu: Gekochte Spaghetti oder Petersilienkartoffeln.

Als Getränk: Rheinhessenwein.

Für 5 Personen.

Vorbereitungsdauer: 12 Minuten.

Deftiger Jägereintopf

400 g Steinpilze
400 g Zwiebeln, gewürfelt
20 g Öl
600 g Rindfleisch, gewürfelt
600 g Kartoffeln, geschält, gewürfelt
1 Teelöffel Rosmarin
1 Prise Thymian
1 Teelöffel Salz
1 Teelöffel schwarzer Pfeffer
1/4 l Bouillon
1/8 l Rotwein
2 Gewürznelken
4 Wacholderbeeren
1 kleines Lorbeerblatt

Die Pilze putzen, verlesen und waschen oder Pilze aus Konserven nehmen. Sie dann in einer Schüssel mit den Zwiebelwürfeln, Öl, Rindfleisch und Kartoffeln mischen. Den RÖMERTOPF 10 Minuten in kaltes Wasser legen, abtropfen lassen und diese Zutaten hineinfüllen. Rosmarin, Thymian, Salz und Pfeffer mit der Bouillon mischen; Rotwein und die übrigen Gewürze darunterrühren und zusammen über die Zutaten im RÖMERTOPF gießen. Den Topf zudecken und im Ofen bei 240 Grad das Gericht etwa 60 Minuten garen.

Für 5 Personen.

Als Getränk: Rheinwein.

Vorbereitungsdauer: 5 Minuten.

Krauttopf mit Birnen

600 g Schweinebauchfleisch
2 l leicht gesalzenes Wasser
600 g Weißkohl, geraffelt
250 g Kochbirnen, geschält, in Spalten geschnitten
1/2 Teelöffel Salz
1 Prise Zucker
etwas Essig

Das Fleisch in einem Stück in eine gewässerte Tonform legen und das Salzwasser dazugießen. Den Kohl in die Form füllen und obenauf die Birnen legen. Die Gewürze zufügen und das Ganze in der geschlossenen Form im Ofen bei 200 Grad etwa 120 Minuten garen. Zum Servieren das Fleisch in Scheiben aufschneiden, auf einer tiefen Platte anrichten und Kohl und Birnen darüber verteilen.

Dazu: Kartoffelklöße und Senf.

Für 4 Personen.

Als Getränk: Bier.

Vorbereitungsdauer: 8 Minuten.

Braunschweiger Bohnentopf

500 g weiße Bohnenkerne
1 Bund Suppengrün, geputzt, kleingeschnitten
500 g Suppenfleisch
100 g Zucker
3 Gewürznelken
1 Stange Zimt
1 Teelöffel Salz
250 g säuerliche Äpfel, geschält, entkernt, in Spalten geschnitten
1 Eßlöffel Stärkemehl, angerührt
250 g Backpflaumen, eingeweicht, entkernt

Die Bohnenkerne am Vortag einweichen. Oder eine Dose fertiggekochte Bohnenkerne verwenden. Mit dem Einweichwasser oder mit 1/2 l neuem Wasser und dem kleingeschnittenen Suppengrün mischen und in einen vorbereiteten RÖMERTOPF (Modell 113) füllen. Alle Gewürze und das angerührte Stärkemehl darunterrühren. Das Suppenfleisch obenauf legen und lagenweise mit Apfelspalten zudecken. Den Bohneneintopf in der geschlossenen Form im Ofen bei 220 Grad 90 bis 120 Minuten garen. Zum

Servieren das Fleisch in Würfel schneiden, die heiß geweichten Backpflaumen obenauf legen und das Gericht mit Essig, Salz und Zucker würzen.

Dazu: Kartoffelklöße.

Als Getränk: Bier.

Für 5—6 Personen (Modell 113).

Vorbereitungsdauer: 10 Minuten.

Westfälischer Pfefferpotthast

1,5 kg Zwiebeln, geschält, in Scheiben geschnitten
1,5 kg Rindfleischwürfel aus der Schulter oder Haxe
2 Teelöffel Salz
1 Teelöffel schwarzer Pfeffer, grob geschrotet
1 Prise Cayennepfeffer
abgeriebene Schale einer Zitrone
1 l Bouillon
2 Lorbeerblätter
2 Pimentkörner
3 Gewürznelken
4 Eßlöffel Paniermehl

Zwiebeln und Fleischwürfel lagenweise in den vorbereiteten RÖMERTOPF (Modell 113) legen und dazwischen Salz, Pfeffer, Cayenne und Zitronenschale verteilen. Mit Bouillon aufgießen. Die übrigen Gewürze in ein Tee-Ei einfüllen oder in einem Leinensäckchen mit in die Form legen. Nach dem Garen können diese Gewürze ohne Schwierigkeiten wieder entfernt werden. Zum Schluß das Paniermehl darüberstreuen und den Eintopf im Ofen bei 200 Grad etwa 150 Minuten schmoren.
Dazu: Gewürzgurken und rote Bete.
Als Getränk: Bier.
Für 8 Personen (Modell 113).
Vorbereitungsdauer: 8 Minuten.

Hühnertopf ‚Witwe Bolte', Seite 36 →

Ungarische Wruken

1,5 kg Steckrüben
2 Zwiebeln, gewürfelt
50 g Speck, gewürfelt
1 Teelöffel Salz
1/4 Teelöffel Selleriesalz
1 Teelöffel weißer Pfeffer
1 Teelöffel Paprikapulver
1/4 l Wasser
2 grüne Paprikaschoten, in Streifen geschnitten
250 g Salami oder Cabanossi, in Streifen geschnitten

Die Steckrüben dick schälen, kalt abspülen, in 2 cm große Würfel schneiden und mit den Zwiebeln, dem Speck, Salz, Selleriesalz, Pfeffer und Paprikapulver mischen. Diese Zutaten in einen vorbereiteten RÖMERTOPF füllen und mit Wasser übergießen. Paprikaschoten- und Salamistreifen obenauf verteilen. Alles zusammen in der geschlossenen Form bei 220 Grad etwa 90 Minuten garen.

Dazu: Gebratene Kartoffelwürfel mit gehackter Petersilie vermischt.

Als Getränk: Ungarischer Rotwein.

Für 4 Personen.

Vorbereitungsdauer: 12 Minuten.

Weiße Bohnen in Tomatensoße

350 g weiße Bohnenkerne
1 l Wasser
1 Dose Tomatenmark
1 Zwiebel, in Scheiben
2 Stangen Lauch, in Scheiben
1/2 Knolle Sellerie, gewürfelt
50 g Speckwürfel
1 Teelöffel Salz
1 Teelöffel Cayennepfeffer
4 Landjäger (flache Würstchen)
1 Bund Petersilie, gehackt

Die Bohnen am Vortag einweichen; dann in den gewässerten RÖMERTOPF füllen und mit einem Teil des Wassers das Tomatenmark verrühren und darübergießen. Wer vorgekochte Bohnen aus Konserven benutzt, braucht diese nur in den Topf zu geben. Zwiebel- und Lauchscheiben, Sellerie und Speckwürfel unter die Bohnen mischen und die Gewürze zufügen. Obenauf die Landjäger legen und alles zusammen in der geschlossenen Form im Ofen bei 220 Grad etwa 90 Minuten garen. Zum Servieren den Bohnentopf mit gehackter Petersilie bestreuen.

Dazu: Salzkartoffeln.

Für 4 Personen.

Als Getränk: Bier.

Vorbereitungsdauer: 12 Minuten.

Jäger-Imbiß

100 g durchwachsener Rauchspeck, gewürfelt
200 g Pfifferlinge (aus Konserven)
500 g Wildschweinfleisch aus der Keule, gewürfelt
1 Zwiebel, in Scheiben geschnitten

500 g Suppengrün (frisch oder tiefgekühlt)
500 g Kartoffeln, gewürfelt
3 Wacholderbeeren
1/2 Lorbeerblatt
3 Eßlöffel Rotwein
1 Teelöffel Salz
1 Teelöffel schwarzer Pfeffer, frisch gemahlen

Die Speckwürfel auf den Boden eines vorbereiteten RÖMERTOPFES verteilen, darüber die Pilze schichten und die Fleischwürfel legen. Das Suppengrün je nach Art kleinschneiden bzw. auftauen lassen und darauf anrichten und die Kartoffelwürfel daruntermischen. Wacholderbeeren und Lorbeerblatt obenauf, mit so viel Wasser aufgießen, daß die Zutaten gerade bedeckt sind und das Gericht in der geschlossenen Form bei 250 Grad rund 120 Minuten schmoren. Zum Servieren mit Rotwein, Salz und Pfeffer abschmecken.

Dazu: Kressesalat.

Als Getränk: Ahr-Rotwein.

Für 4 Personen.

Vorbereitungsdauer: 10 Minuten.

Londoner Hammel-Bohnentopf

500 g Hammelfleisch, gut mit Fett durchwachsen
1 Teelöffel Selleriesalz
1 Teelöffel Salz
1 Teelöffel weißer Pfeffer
1/2 Teelöffel Paprikapulver
500 g grüne Bohnen
1 Teelöffel Bohnenkraut
250 g Tomaten
1/2 Teelöffel Zwiebelsalz
750 g Kartoffeln
1/4 l Brühe

Das knochenlose Hammelfleisch in gleichgroße Würfel schneiden und mit Selleriesalz, Salz, Pfeffer und Paprikapulver mischen. Bohnen waschen, die Fäden abziehen,

in schräge Blättchen schneiden. Im gewässerten RÖMERTOPF mit Wasser bedecken, im Ofen bei 200 Grad 50 Minuten garen. Die Tomaten waschen, in Viertel schneiden und mit Zwiebelsalz würzen. Kartoffeln schälen, waschen und in Würfel schneiden. Alle Zutaten der Reihe nach lagenweise in den RÖMERTOPF mit dem Fleisch schichten, die Brühe darübergießen und geschlossen im Ofen bei 220 Grad etwa weitere 40 Minuten garen.

Als Getränk: Bier.

Für 4 Personen.

Vorbereitungsdauer: 15 Minuten.

Lauchsuppentopf „Georgy"

75 g Rauchspeckscheiben
300 g Lauch, geputzt, in Scheiben geschnitten
1 Zwiebel, in Scheiben
4 Möhren, in Scheiben geschnitten
200 g Kartoffeln, geschält, in Scheiben geschnitten
$1^1/_4$ l Bouillon
1 Knoblauchzehe, zerdrückt
$1^1/_2$ Teelöffel Salz
20 g Mehl
20 g Butterschmalz
2 Eßlöffel Sahne
400 g Brühwurst, in Scheiben geschnitten
4 Eßlöffel abgezupfte Kerbelblätter

Mit den Speckscheiben einen gewässerten RÖMERTOPF auslegen. Lauch und Zwiebeln mit den Möhren darauflegen. Die Kartoffelscheiben daruntermischen und mit Bouillon auffüllen. Knoblauch und Salz zufügen. Mehl und flüssiges Butterschmalz mit Sahne verrühren, mit in die Bouillon geben. Die Wurstscheiben obenauf verteilen und die Lauchsuppe in der geschlossenen Form im Ofen bei 250 Grad etwa 40 Minuten garen. Die Suppe zum Servieren umrühren und mit Kerbelblättern bestreuen.

Dazu: Geröstete Graubrotscheiben.

Als Getränk: Bier.

Für 4 Personen.

Vorbereitungsdauer: 12 Minuten

← Römische Pilzpastete ‚Löffert', Seite 38

Gelobt sei was schlank macht

Grundsätzlich ist bei Verwendung des RÖMERTOPFES eine kalorienarme Zubereitung möglich. Die nachstehenden Gerichte wurden nun aber noch einmal ganz besonders unter dem Gesichtspunkt „schlanker Ernährung“ erprobt. Hier werden also nicht nur keine Fette und keine Kohlehydrate hinzugegeben, sondern die Zutaten enthalten auch bereits sehr wenig Kalorien.

Möhren-Schichttopf

400 g Möhren, geputzt, in Scheiben geschnitten
200 g Zwiebelringe
500 g Wirsingkohl, geputzt, geraffelt, überbrüht
375 g Kasseler vom Nacken, in Scheiben geschnitten
1 Teelöffel Salz
1/4 Teelöffel Muskatnußpulver
1/2 Teelöffel weißer Pfeffer
1 Prise Zucker
1/4 l Bouillon
1 Bund Petersilie, gehackt

Möhren und Zwiebeln lagenweise mit dem Kohl und den Fleischscheiben und den Gewürzen in einen gewässerten RÖMERTOPF schichten. Über das Ganze die Bouillon gießen und den Eintopf in der geschlossenen Form im Ofen bei 250 Grad etwa 75 Minuten garen. Zum Servieren mit der Petersilie bestreuen.

Dazu: Salzkartoffeln.

Als Getränk: Bier.

Für 4 Personen.

Vorbereitungsdauer: 18 Minuten.

Balkan-Reistopf

250 g Reis
1 l Tomatensaft (aus Dose)
200 g Zwiebelwürfel
2 grüne Paprikaschoten, in Streifen geschnitten
2 Zucchini, in Scheiben geschnitten
1 Teelöffel Salz
1 Teelöffel Rosenpaprika
1/2 Teelöffel Thymian
2 Knoblauchzehen, fein gehackt
20 g Butter
1 Becher saure Sahne
1 Bund Kräuter, gehackt
75 g Käse

In einen gewässerten RÖMERTOPF Reis hineinfüllen und mit Tomatensaft aufgießen. Zwiebelwürfel, Paprikastreifen und Zucchini unter den Reis mischen. Die Gewürze zufügen, mit Butterflocken bedecken und das Gericht in der geschlossenen Form im Ofen bei 220 Grad je nach Reissorte 80—120 Minuten garen. Anschließend die saure Sahne mit den Kräutern verrühren, über den Reis gießen und mit dem Käse bestreuen. Dann in der offenen Form im Ofen nochmals 8 Minuten überbacken. Das Gericht in der Form servieren.

Dazu: Schweinesteaks oder Schnitzel.

Für 4 Personen.

Als Getränk: Bier.

Vorbereitungsdauer: 8 Minuten.

Hühnertopf „Witwe Bolte“

1 Suppenhuhn (ca. 1 1/2 kg)
1 Bund Suppengemüse, geputzt, kleingeschnitten
1/2 Lorbeerblatt
1 Büschel Petersilie

60 g Butter
150 g Kalbsbratwurst, überbrüht
150 g gekochte Kalbszunge, in Streifen geschnitten
1 mittelgroße Dose Champignons, abgetropft
1 mittelgroße Dose Spargelabschnitte, abgetropft
150 g tiefgekühlte Erbsen
1/8 l Weißwein
60 g Mehl
1/2 Teelöffel feiner weißer Pfeffer
1/2 Röhre Kapern
1 Prise Zucker
etwas Zitronensaft

Das Huhn in acht Teile zerlegen und mit dem vorbereiteten Suppengemüse, dem Lorbeerblatt, Petersilie und der Butter in den Römertopf legen. 1/4 l Salzwasser angießen und den geschlossenen Topf im Ofen bei 250 Grad 30 Minuten schmoren. In der Zwischenzeit die Bratwürste in Scheiben schneiden, Klöße formen und diese dann mit den Zungenstreifen, Pilzen, Spargel und Erbsen in den Topf geben. Den Weißwein anwärmen, mit Mehl verrühren und Pfeffer, Kapern und Zucker daruntermischen. Zusammen unter den Eintopf gießen und den geschlossenen Hühnertopf im Ofen bei 225 Grad noch einmal etwa 60 Minuten schmoren. Anschließend mit den Gewürzen und etwas Zitronensaft abschmecken.

Dazu als Beilage: Buttergeröstete Weißbrotscheiben.

Für 8 Personen (Modell 113).

Als Getränk: Pfälzer Weißwein.

Vorbereitungsdauer: 8 Minuten.

Blumenkohlauflauf

175 g Reis
1/2 l Bouillon
1 Blumenkohl, in Röschen zerteilt, halbgar gekocht
40 g Butter
40 g Mehl
3/8 l Blumenkohlwasser
1 Ecke vollfetter Schmelzkäse

1/2 Teelöffel Salz
1 Prise Muskatnußpulver
1 Eigelb
1 Eiweiß, zu steifem Schnee geschlagen
6 Eßlöffel Pußta-Sauce (fertig im Handel)

Den Römertopf 10 Minuten vor Gebrauch in kaltes Wasser legen, abtropfen lassen und den Reis einfüllen. Bouillon darübergießen und den Reis in der geschlossenen Form im Ofen bei 220 Grad etwa 60 Minuten garen. Dann die Blumenkohlröschen nebeneinander darauf legen. Aus Fett, Mehl und dem Blumenkohlwasser eine helle Mehlschwitze bereiten und darin den Käse auflösen. Die Sauce mit Salz und Muskatnußpulver abschmecken, mit dem Eigelb legieren und dann zum Schluß das Eiweiß mit einem Schneebesen locker darunterheben. Diese Sauce über den Blumenkohl gießen, die Form zudecken und im Ofen bei gleicher Temperatur weitere 25 Minuten garen. Zum Servieren die Pußta-Sauce im Wasserbad erhitzen und darübergießen.

Dazu: Gekochten Schinken.

Als Getränk: Bier.

Für 4 Personen.

Vorbereitungsdauer: 6 Minuten.

Kräuter-Pilz-Pastetchen

1 Paket Tiefkühlblätterteig
250 g frische Champignons
80 g Butter
6 Eßlöffel gewiegte Petersilie
1 Eßlöffel gewiegte Kerbelblätter
1 Teelöffel Worcestershiresauce
1/2 Teelöffel Fleischextrakt
2 Zwiebeln, gewürfelt
1 Ei
1 Teelöffel Paprikapulver

Den Teig auftauen und dünn zu einem Rechteck ausrollen. Die Champignons putzen, waschen, abtropfen, in Viertel schneiden und mit Butter in einer Pfanne 4 Minuten dünsten. Die Kräuter, die Worcestershiresauce, den Fleischextrakt und die Zwiebeln dazu. Nach dem Abkühlen auf Zimmertemperatur, damit der Teig nicht zerstört wird, auf die Teigplatte stürzen und in der Mitte gleichmäßig verteilen. Die Teigplatte so zusammenschlagen, daß eine Rolle entsteht und die Ränder befeuchten und festdrücken. Die Rolle in einen gewässerten Römertopf legen, den Deckel obenauf setzen und im Ofen bei 240 Grad etwa 60 Minuten backen. Zum Servieren in Scheiben aufschneiden.

Dazu: Kräutersauce und Kalbssteaks

Als Getränk: Rheinhessenwein.

Für 4 Personen.

Vorbereitungsdauer: 12 Minuten.

Römische Pilz-Pastete „Löffert“

1 Paket Tiefkühlblätterteig
500 g Pilze (Pfifferlinge, Steinpilze oder Champignons)
40 g Butter
250 g gemischtes Hackfleisch

2 Zwiebeln, gehackt
je 1 Teelöffel Salz und weißer Pfeffer
1 Bund Petersilie, gehackt
2 Eigelb
2 Eiweiße, steifgeschlagen

Den Blätterteig ausrollen, dann den vorbereiteten RÖMERTOPF damit auslegen und noch genug Teig für einen Deckel übriglassen. Die Pilze putzen, vierteln und in der Butter kurz anschmoren. Mit dem Hackfleisch, der gehackten Zwiebel, Salz, Pfeffer, Petersilie und den Eigelben verkneten. Eischnee vorsichtig unter die Fleischmasse heben. Diese Füllung auf den Blätterteig geben. Blätterteigdeckel daraufsetzen und festdrücken. Die Teigoberfläche mehrmals mit einem Messer kreuzweise einschneiden. RÖMERTOPF schließen und die Pastete bei 200 Grad etwa 60 Minuten gar backen.

Dazu: Tomatensalat.

Für 4 Personen.

Als Getränk: Bier.

Vorbereitungsdauer: 15 Minuten.

Gefüllter Chicorée „Rom"

4 dicke Stangen Chicorée
250 g Schweine-Hackfleisch
125 g Beefsteakhackfleisch
3 Eßlöffel Semmelbrösel
1 Ei
1 Eßlöffel Tomatenmark
1 Teelöffel Senf
1 Teelöffel Salz
1 Teelöffel weißer Pfeffer
2 Eßlöffel gehackte Petersilie
1 Eßlöffel Butter
$^1/_4$ l Fleischbrühe
2 Teelöffel Stärkepuder

Chicorée waschen, den bitteren Kern herausschneiden, der Länge nach halbieren und einige Blätter herauslösen und kleinschneiden. Hackfleisch, Semmelbrösel, Ei, Tomatenmark, Senf, Salz, Pfeffer und gehackte Petersilie zu einem Fleischteig verkneten. Chicoréestangen mit dem Fleischteig füllen und nebeneinander in einen vorbereiteten RÖMERTOPF setzen. Fleischbrühe zugießen. Die Fleischbrühe mit etwas angerührtem Stärkepuder binden und noch einmal mit Salz und Pfeffer nachwürzen. Die Form verschließen und im Ofen bei 220 Grad etwa 50 Minuten garen. Die gefüllten Stangen auf einer vorgewärmten Platte anrichten.

Dazu: Petersilienkartoffeln.

Für 4 Personen.

Als Getränk: Bier.

Vorbereitungsdauer: 16 Minuten.

Schonzeit für Fische

Die Zubereitung von Fischen im RÖMERTOPF erlaubt geradezu begeisternde Ergebnisse. Der sehr empfindsame Fisch, der so leicht zerfällt und unansehnlich wird, gerät im RÖMERTOPF aufgrund des sanften, langsam ablaufenden Garvorgangs allzumal wohl.

Karpfen „Pjotr“

2 Möhren
1 Stange Lauch
4 Zwiebeln
3 Sellerieknollen
1 l Wasser
1 Karpfen (ca. 1 kg) küchenfertig
3 Zitronenscheiben
4 Pfefferkörner
1 gespickte Zwiebel
1/2 Teelöffel Salz
1 l dunkles Bier
1/8 l Rotwein
50 g Lebkuchenbrösel

Einen Römertopf vorbereiten. Möhren, Lauch, Zwiebeln und Sellerieknollen zu Streifen schneiden, auf dem Boden verteilen und Wasser dazugießen. Karpfen in 4 Stücke schneiden, kalt abspülen, abtropfen, auf das Gemüsebett legen, Zitronenscheiben, Pfefferkörner, Zwiebel und Salz zufügen, Bier, Rotwein und Lebkuchenbrösel mischen und darübergießen. In einer geschlossenen Form das Gericht im Ofen bei 250 Grad etwa 110 Minuten garen lassen.

Dazu: Sauerkraut und Petersilienkartoffeln.

Als Getränk: Frankenwein.

Für 4 Personen (Modell 114).

Vorbereitungsdauer: 20 Minuten.

Ungarischer Karpfen

1 Karpfen
3 Teelöffel Rosenpaprika
2 Teelöffel Salz
2 große Zwiebeln, in Scheiben geschnitten
4 Eßlöffel Schweineschmalz
1 Glas Rotwein
4 Eßlöffel Tomatenmark
2 Tassen saure Sahne
Saft einer Zitrone
je eine rote und grüne Paprikaschote, feingehackt

¹/₄ Salatgurke, feingewürfelt
1 Zwiebel, gewürfelt
1 Büschel Petersilie, gehackt

Den Karpfen ausnehmen und waschen; dann in große Portionsstücke schneiden und dabei die Mittelgräte entfernen. Die Fischstücke mit Paprika und Salz einreiben und in den vorbereiteten RÖMERTOPF legen. In einer Kasserolle die Zwiebelscheiben im heißen Schmalz anbraten. Rotwein, Tomatenmark, Sahne und Zitronensaft darunterrühren und kurz zusammen aufkochen. Das kleingeschnittene Gemüse in die Sauce mischen und alles zusammen über den Fisch in die Form füllen. Die Form verschließen und das Gericht im Ofen bei 200 Grad etwa 45 Minuten garen.

Dazu: Salzkartoffeln und grünen Salat.

Für 4 Personen.

Als Getränk: Baden-Rotwein.

Vorbereitungsdauer: 16 Minuten.

Aal in Beaujolais

1 mittelgroßer Aal
1 Eßlöffel Fischgewürz (fertig im Handel)
1 Zwiebel, feingehackt
40 g Butter
40 g Mehl
¹/₄ l Bouillon
1 Glas Beaujolais
5 Backpflaumen, eingeweicht, entsteint
¹/₂ Teelöffel Salz
¹/₂ Teelöffel weißer Pfeffer
¹/₄ Teelöffel Ingwerpulver
1 Prise Zucker und Zimt

Den Aal abziehen und in 6 cm lange Stücke schneiden. Dann mit dem Gewürz einreiben und einziehen lassen. Die Zwiebelwürfel in der heißen Butter in einer Kasserolle andünsten, mit Mehl verrühren und mit der Bouillon und dem Rotwein löschen. Die Sauce 5 Minuten bei mittlerer Hitze unter ständigem Rühren ausquellen lassen. Sie dann zusammen mit den in Streifen geschnittenen Backpflaumen und den Aalstückchen in den gewässerten RÖMERTOPF füllen, alle Gewürze daruntermischen und das Gericht in eine Terrine füllen.

Dazu: Salzkartoffeln und gemischter Salat.

Für 4 Personen.

Als Getränk: Beaujolais.

Vorbereitungsdauer: 10 Minuten.

Fischfiletgulasch

750 g Goldbarschfilets
2 Zwiebeln
4 Eßlöffel Paprikamark
2 Teelöffel edelsüßes Paprikapulver

1 Teelöffel Salz
4 Eßlöffel saure Sahne
500 g Sauerkraut
1/2 Teelöffel Kümmel

Fischfilets von restlichen Gräten befreien und kalt abspülen. Dann abtropfen lassen. Zwiebeln pellen und in feine Scheiben schneiden. Paprikamark mit Paprikapulver, Salz, Sahne und 1 Tasse Wasser vermischen. Sauerkraut locker zupfen und in die Tonform legen, wie ein Bett. Darauf den Fisch, eventuell in Portionsstücke geschnitten, darüber die Zwiebelringe und zuletzt die rote Sauce mit Kümmel. Mit Deckel im Ofen bei 300 Grad etwa 50 Minuten lang dünsten.

Dazu: Salzkartoffeln oder Bratkartoffeln.

Für 4 Personen.

Als Getränk: Italienischer Rotwein.

Vorbereitungsdauer: 5 Minuten.

Fisch für Piraten

2 Tassen konzentrierte helle Sauce
1/4 l Milch
1/8 l Weißwein
1/2 Teelöffel weißer Pfeffer
500 g Fischfilet, ohne Gräten
1 Dose Muscheln
200 g Krabbenfleisch
einige Zweige Dill

Die Sauce mit einem Schneebesen unter die Milch und den Weißwein rühren, zusammen in einem Metalltopf aufkochen und mit Pfeffer würzen. Fischfilet in mundgerechte Stücke schneiden, die Muscheln aus der Dose abtropfen lassen und das Krabbenfleisch kurz unter fließend kaltes Wasser halten. Alles zusammen unter die Sauce mischen und in einen vorbereiteten RÖMERTOPF füllen. Das Gericht in der geschlossenen Form im Ofen bei 220 Grad rund 60 Minuten garen. Vor dem Servieren die Sauce noch einmal umrühren, abschmecken und in einer vorgewärmten Schüssel anrichten.

Dazu: trockener Reis und grüner Salat.

Für 6 Personen.

Als Getränk: Bier.

Vorbereitungsdauer: 6 Minuten.

Brandenburger Makrelen

4 Makrelen
1 große Zwiebel, in Viertel geschnitten
$1/8$ l Wasser oder Bouillon
$1/4$ l Weißwein
3 Pfefferkörner
1 Gewürznelke
$1/2$ Lorbeerblatt
1 Teelöffel Salz
2 Eßlöffel Stärkemehl, angerührt
$1/8$ l Sahne
1 Prise Zucker
$1/2$ Teelöffel weißer Pfeffer
2 Eßlöffel Butter
4 Eßlöffel frisch gehackte Küchenkräuter

Die Makrelen ausnehmen, ausspülen. Einen RÖMERTOPF in kaltes Wasser legen. Die Fische dann nebeneinander in den RÖMERTOPF legen und mit einem Sud aus Wasser oder Bouillon, den Zwiebeln und den Gewürzen

übergießen und in etwa 10 Minuten garen. Die Fische auf einer vorgewärmten Platte bereitstellen. Den Sud durch ein Sieb gießen, mit angerührtem Stärkemehl und Sahne binden und mit den Gewürzen und der Butter abschmecken. Zum Schluß die Kräuter darunterrühren.

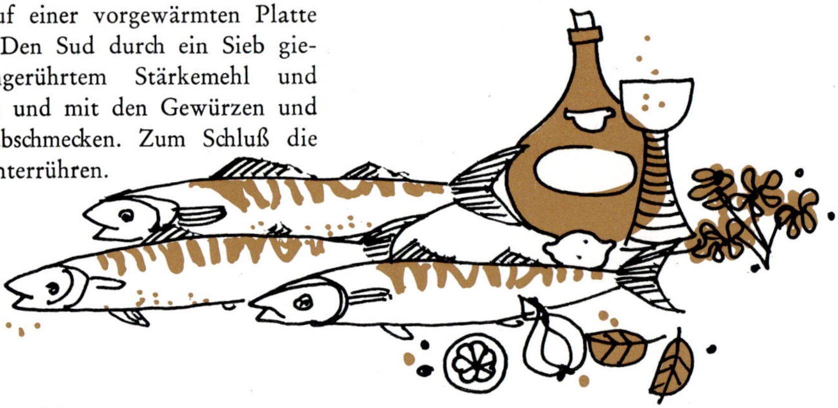

Dazu: Salzkartoffeln.

Als Getränk: Bier.

Vorbereitungsdauer: 8 Minuten.

Büsumer Fischröllchen

750 g Fischfilet
Saft einer großen Zitrone
1 Teelöffel Salz
100 g Krabbenfleisch oder Crevetten (Tiefkühl)
1/8 l Bouillon
1/8 l Weißwein
1 Zwiebel, halbiert
1 Lorbeerblatt
4 Pfefferkörner
30 g Mehl
1/8 l saure Sahne
2 Bund Dill, feingehackt

Fischfilets waschen, abtropfen lassen, der Länge nach halbieren und mit Zitronensaft beträufeln. Die Streifen dann zusammenrollen und mit kleinen Holzspießchen zusammenstecken. Einen Römertopf 10 Minuten in kaltes Wasser legen, abtropfen lassen und die Fischröllchen mit den offenen Seiten nach oben nebeneinander auf den Boden der Form setzen. Krabben- oder Crevetten in die Filets füllen und einen Sud aus Bouillon, Weißwein, Zwiebel, Lorbeerblatt und Pfefferkörnern mit dazugießen und alles zusammen in der geschlossenen Form im Ofen bei 200 Grad etwa 60 Minuten garen. Die Röllchen dann auf einem Reisbett anrichten und warm stellen. Den Fischsud durch ein Sieb gießen, mit Wasser zu einem halben Liter auffüllen und einmal aufkochen. Mehl und Sahne miteinander verrühren, den Sud damit binden und die Sauce mit den Gewürzen und dem Dill abschmecken. Dann über die Fischröllchen verteilen und sofort servieren.

Dazu: Kartoffelbrei oder Bratkartoffeln.

Als Getränk: Moselwein.

Für 4 Personen.

Vorbereitungsdauer: 15 Minuten.

Schollenfilets Maritim

2 Zwiebeln, gewürfelt
40 g Butterflöckchen
2 Pakete Schollenfilets, angetaut
1/2 Teelöffel Salz
1/4 Teelöffel Pfeffer
Saft einer Zitrone
75 g Krabbenfleisch
1/2 Teelöffel Paprikapulver
1/4 l Bouillon
1/4 l Sahne
2 Teelöffel Stärkemehl
2 Eigelbe
1/2 Teelöffel Worcestersauce

Einen RÖMERTOPF 10 Minuten vor Gebrauch in kaltes Wasser legen, dann abtropfen lassen und über den Boden Zwiebelwürfel und Butterflöckchen verteilen. Die Schollenfilets mit Salz und Pfeffer einreiben und den Zitronensaft darüberträufeln. Sie dann nebeneinander in die Form legen, Krabbenfleisch darüber verteilen und mit Paprikapulver bestäuben. Die Fischfilets nach dem Dünsten vorsichtig aus der Form nehmen, damit sie nicht zerfallen, und auf eine vorgewärmte Platte legen. Den Dünstfond durch ein Sieb gießen und in der Kasserolle erhitzen. Sahne und Stärkemehl, Eigelb und Worcestersauce verrühren und den Fond damit binden. Die Sauce separat zum Fisch.

Dazu: Butterkartoffeln.

Als Getränk: Moselwein.

Für 4 Personen.

Vorbereitungsdauer: 12 Minuten.

Indisches Früchtefilet

3 Tassen gekochter Reis
2 Eßlöffel Kondensmilch oder Sahne
2 Teelöffel Currypulver
4 Scheiben Ananas aus Konserven
2 Bananen, geschält, in Scheiben geschnitten
40 g Butter
1 Eßlöffel Mehl
1/4 l heiße Milch
1 Prise Nelkenpulver
Saft einer halben Zitrone
1 Eßlöffel Mango-Chutney, feingewiegt
1/2 Teelöffel Salz
1/4 Teelöffel feiner weißer Pfeffer
1 Prise Ingwerpulver
2 hartgekochte Eigelbe
4 Heilbuttschnitten, bratfertig
6 Eßlöffel geriebener Parmesankäse

Unter den Reis eine Mischung aus Kondensmilch und Currypulver rühren und den Reis in den vorbereiteten RÖMERTOPF einfüllen. Darauf Ananas und Bananenscheiben verteilen. Butter in einer kleinen Kasserolle erhitzen, das Mehl darin anschwitzen und dann mit Milch löschen. Den Fond mit Nelkenpulver, Zitronensaft, Mango-Chutney, Salz, Pfeffer, Ingwer und zerdrücktem Eigelb verrühren. Den Fisch auf die Früchte legen, die Sauce darüberstreichen und mit Käse bestreuen. Alles zusammen in der geschlossenen Form im Ofen bei 220 Grad rund 80 Minuten gar ziehen lassen.

Dazu: Kartoffelbrei.

Für 4 Personen.

Als Getränk: Moselwein.

Vorbereitungsdauer: 8 Minuten.

Fischfilet mit Gemüse und Pilzen

1 Möhre, geraspelt
1 Stück Sellerie, geraspelt
100 g Pilze (frisch oder aus der Dose), geschnitten
800 g Fischfilet
Saft einer Zitrone
2 Eßlöffel Hefeextrakt
2 Eßlöffel Sahne

Möhren, Sellerie und Pilze mit etwas Wasser in einen gewässerten RÖMERTOPF legen, das Fischfilet mit Zitronensaft einreiben und darauflegen. Hefeextrakt darübergeben und mit Sahne übergießen. Das Ganze in der geschlossenen Form im Ofen bei 200 Grad etwa 60 Minuten garen.

Dazu: Petersilienkartoffeln.

Für 4 Personen.

Als Getränk: Saarwein.

Vorbereitungsdauer: 4 Minuten.

Forelle blau „Berliner Art“

100 g Zwiebeln, in Scheiben geschnitten
1 Lorbeerblatt
2 Gewürznelken
2 Pimentkörner

Goldbarschfilet mit Champignons und Kräutersauce, Seite 55 →

1/8 l Weißwein
4 Forellen (frisch oder tiefgekühlt)
1 Teelöffel Salz
1 Bund Dill

Zwiebelscheiben, Lorbeerblatt, Gewürznelken, Pimentkörner und Weißwein in den vorbereiteten RÖMERTOPF geben und die dünstfertigen Forellen hineinlegen. Salz und Dillzweige zufügen und zusammen in der geschlossenen Form im Ofen bei 250 Grad etwa 55 Minuten garen. Zum Servieren die Forellen aus dem Sud nehmen, auf einer vorgewärmten Platte anrichten und mit Zitronenschnitzen und Tomaten garnieren.

Dazu: Butterkartoffeln und Gurkensalat.

Für 4 Personen.

Als Getränk: Moselwein, Saarwein.

Vorbereitungsdauer: 8 Minuten.

Bodenseefelchen in Rahmsauce

1 1/2 kg Bodenseefelchen, ausgenommen
1 Teelöffel Salz
etwas Mehl
1 Bund Petersilie, gehackt
2 kleine Zwiebeln, kleingehackt
1/2 l Bouillon
1/4 l süße Sahne
1/2 Teelöffel Pfeffer
60 g Butter

Den vorbereiteten und ausgespülten Fisch salzen, dann in Mehl wenden. Einen RÖMERTOPF 10 Minuten in kaltes Wasser legen, abtropfen lassen. Den Fisch hineinlegen und in der geschlossenen Form im Ofen bei 250 Grad etwa 25 Minuten braten. Petersilie und Zwiebeln mit der Bouillon und der Sahne verrühren, die Sauce mit Salz und Pfeffer abschmecken und über den Fisch gießen. Butter in Flocken obenauf verteilen. Alles zusammen nochmals in der geschlossenen Form im Ofen bei gleicher Temperatur 20 Minuten garen lassen. Dann den Fisch gleich im Römertopf servieren.

Dazu: Petersilienkartoffeln und grüner Salat.

Als Getränk: Moselwein.

Für 4 Personen.

Vorbereitungsdauer: 5 Minuten.

Schleie „Südlandfahrer“

2 Schleie, kochfertig
je 1/2 Teelöffel Salz und weißer Pfeffer
2 Eßlöffel Öl
40 g Butter
40 g Mehl
1/2 l Bouillon
1 Teelöffel Currypulver
Saft einer kleinen Zitrone
1 Prise Zucker
1/2 Teelöffel Salz
100 g Sultaninen
2 Bananen, in Scheiben geschnitten

Die Schleie waschen, abtropfen lassen und innen und außen mit Salz und Pfeffer einreiben, dann mit Öl bepinseln. Einen Rö-

MERTOPF wie üblich vorbereiten, den Fisch hineinlegen und in der geschlossenen Form im Ofen bei 220 Grad etwa 60 Minuten garen. In der Zwischenzeit aus Butter, Mehl und Bouillon eine helle Mehlschwitze bereiten; diese mit Currypulver, Zitronensaft, Zucker und Salz würzen und zum Schluß Sultaninen und Bananenscheiben darunterrühren. Die Sauce nach 45 Minuten Garzeit über den Fisch mit in die Form gießen und zusammen fertig garen. Das Gericht in der Form servieren.

Dazu: grüner Salat und Reis.

Für 4 Personen.

Als Getränk: Pfälzer Wein.

Vorbereitungsdauer: 10 Minuten.

Normannische Seezunge

3 Eßlöffel Butter
1 Tasse gehackte Petersilie
1 Seezunge, gewaschen, abgezogen
1 Teelöffel Salz
1/2 Teelöffel weißer Pfeffer
1 Glas Apfelwein
einige Zitronenschnitze
1/2 Tasse Sahne

Den RÖMERTOPF 10 Minuten in kaltes Wasser legen, abtropfen lassen und innen mit der Butter ausfetten. Darüber eine Schicht Petersilie streuen und andrücken. Die Seezunge von beiden Seiten mit Salz und Pfeffer einreiben, in die Form auf die Petersilie legen und mit Apfelwein übergießen. Die Form schließen und den Fisch im Ofen bei 220 Grad etwa 55 Minuten garen. Zum Servieren die Seezunge auf einem vorgewärmten Teller anrichten, mit Zitronenschnitzen garnieren und warm stellen. Den Dünstfond in der Form mit der Sahne verrühren.

Dazu: Butterkartoffeln und Tomatensalat.

Für 2 Personen.

Als Getränk: Saarwein.

Vorbereitungsdauer: 6 Minuten.

Seezungenfilets „Ceyloner Art“

200 g Maiskörner (aus Konserven), abgetropft
200 g eingelegte rote Paprikaschoten, abgetropft
80 g Sultaninen, eingeweicht
4 Eßlöffel Butter
500 g gekochter Reis
8 Seezungenfilets
Saft einer Zitrone
1 Teelöffel Worcestersauce
1/2 Teelöffel Salz
1/2 Teelöffel weißer Pfeffer
60 g Mehl
1 Ei, verquirlt
4 Eßlöffel Butter, gebräunt
1 Eßlöffel Erdnußbutter

In einer Schüssel Maiskörner, Paprikaschoten und Sultaninen mischen und mit der flüssigen Butter verrühren. Den Reis dazugeben und zusammen in einen vorbereiteten

RÖMERTOPF füllen. Seezungenfilets in einer Marinade aus Zitronensaft, Worcestersauce, Salz und Pfeffer durchziehen lassen. Dann in Mehl und verquirltem Ei wenden und in einer Pfanne mit der Butter 2 Minuten von beiden Seiten anbraten. Die Fischfilets dann auf Reis legen, die Erdnußbutter in der Pfanne schmelzen und über den Fisch träufeln. Die Form verschließen und im Ofen bei 240 Grad etwa 25 Minuten backen.

Dazu: grüner Salat und Senffrüchte.

Für 4 Personen.

Als Getränk: Rheingauer Weißwein.

Vorbereitungsdauer: 12 Minuten.

Zander-Ragout in der Form

750 g Zanderfilets oder anderer bratfertiger Filetfisch
250 g Champignons (aus Konserven)
200 g Krabbenfleisch
1 Eßlöffel Kapern
1/8 l Sahne
1/8 l Milch
4 bis 6 Teelöffel Instant-Saucenpulver (hell)
Saft einer kleinen Zitrone
1/2 Teelöffel Salz
1/2 Teelöffel weißer Pfeffer

Das Fischfleisch in gleichgroße mundgerechte Würfel schneiden; mit Champignons, Krabbenfleisch und Kapern mischen und in eine vorbereitete Tonform füllen. Sahne und Milch in einer kleinen Kasserolle erhitzen, das Saucenpulver mit einem Schneebesen einrühren, die Sauce mit den übrigen Zutaten verrühren und abschmecken. Die Sauce über das Ragout in die Form gießen und das Ganze zugedeckt im Ofen bei 220 Grad etwa 80 Minuten garen.

Dazu: Reis oder überbackenen Kartoffelbrei.

Für 4 Personen.

Als Getränk: Rheinhessenwein.

Vorbereitungsdauer: 6 Minuten.

Fischsuppe „Pedro“

150 g Kabeljaufilet (tiefgekühlt im Handel)
150 g Rotbarschfilet (tiefgekühlt)
150 g Schollenfilet (tiefgekühlt)
150 g Porree, gewaschen, in Ringe geschnitten
200 g Tomaten, überbrüht, enthäutet
200 g Champignons (aus der Dose oder frisch)
1 Knoblauchzehe
1 1/2 Teelöffel Salz
1 Teelöffel Pfeffer
1 Lorbeerblatt
100 g Edamer Käse
1/4 l Bouillon
1/4 l Weißwein
20 g Butterflöckchen

Den Fisch, falls tiefgefroren, nur wenig tauen lassen. Rotbarsch und Kabeljau in große Würfel schneiden und die Schollenfilets voneinander lösen. Den RÖMERTOPF 10 Minuten in kaltes Wasser legen, abtropfen und die Fischsorten mit dem vorbereiteten Gemüse, Knoblauchzehe, den Gewürzen und den Käsewürfeln hineinschichten. Bouillon und Weißwein darübergießen und Butterflöckchen aufsetzen. Das Ganze in der geschlossenen Form im Ofen bei 240 Grad etwa 70 Minuten garen.

Dazu: Stangenweißbrot, getoastet und mit Butter bestrichen.

Für 4 Personen.

Als Getränk: Provence-Roséwein.

Vorbereitungsdauer: 8 Minuten.

Matrosen-Eintopf

1 dicke Zwiebel, kleingewürfelt
1/4 l Apfelwein
1 kg verschiedene Fischsorten (z. B. Steinbutt, Aal, Rotbarsch)
1 Teelöffel Salz
1/4 Teelöffel Sahne
1 Eßlöffel Petersilie, kleingehackt
1/2 Teelöffel weißer Pfeffer
1 Gewürzsträußchen, feingewiegt
1 kleine Dose Champignons, abgetropft, kleingeschnitten

Die Zwiebelwürfel zusammen mit dem Apfelwein in den vorbereiteten RÖMERTOPF gießen. Die Fische waschen, abtrocknen, mit Salz einreiben und in den RÖMERTOPF legen. Sie dann im geschlossenen Topf bei 240 Grad etwa 50 Minuten garen. Die Fischstücke aus dem Sud nehmen und auf einer vorgewärmten Platte warm stellen. Den Sud durch ein Sieb gießen, mit einem Schneebesen die übrigen Zutaten darunterrühren, zusammen in einer Kasserolle aufkochen und abschmecken.

Dazu: Dillkartoffeln.

Für 4 Personen.

Als Getränk: Moselwein.

Vorbereitungsdauer: 8 Minuten.

Aal-Eintopf

50 g Frühstücksspeck in dünnen Scheiben
250 g Tomaten in Scheiben
1/4 Teelöffel Salz
1/2 Teelöffel feiner schwarzer Pfeffer
1/2 Teelöffel Thymian
1 Seeaal, abgezogen, in Filets geschnitten
Saft einer Zitrone
150 g Kalbsbratenfleisch, in Würfeln
150 g Salami, in Würfeln
200 g Edamer Käse, in Würfeln
1 Teelöffel Paprikapulver
1/2 Teelöffel weißer Pfeffer
1 Teelöffel Salz
1 Bund Dill

Den vorbereiteten RÖMERTOPF mit Speckscheiben auslegen, die Tomatenscheiben darauf verteilen und mit Salz, Pfeffer und Thymian würzen. Mit Seeaalfilets zudecken, den Fisch mit Zitronensaft beträufeln und 5 Minuten einziehen lassen. Inzwischen Fleisch, Wurst und Käsewürfel miteinander mischen, Paprikapulver und Pfeffer dazu und mit Salz abschmecken. Dann zusammen über den Fisch verteilen und das Gericht in der geschlossenen Form im Ofen bei 220 Grad etwa 40 Minuten garen. Zum Servieren mit gehacktem Dill bestreuen.

Dazu: Kartoffelbrei und Tomatensalat.

Für 4 Personen.

Als Getränk: Moselwein.

Vorbereitungsdauer: 12 Minuten.

Lübecker Fischtopf

1 kg Fischfilet ohne Haut und Gräten
3 Eßlöffel Zitronensaft
1 Teelöffel Salz
50 g fetter Speck, gewürfelt
50 g Butter
500 g Zwiebeln, in Scheiben
2 Tomaten, überbrüht, abgezogen
2 Gewürzgurken, gewürfelt
3 Gewürzkörner

1 Lorbeerblatt
250 g geschälte Kartoffeln, kleingewürfelt
1/4 l Bouillon

Fischfilet kalt abspülen, abtropfen lassen und mit Zitronensaft und Salz einreiben. Den RÖMERTOPF 10 Minuten vor Gebrauch in kaltes Wasser legen. Die Speckwürfel in der Zeit in einer Pfanne auslassen, Butter zufügen und darin die Zwiebeln 5 Minuten dünsten. Den Fisch in gleichgroße Stücke oder Würfel schneiden und mit den Zwiebeln, kleingeschnittenen Tomaten und Gurken mischen und in den RÖMERTOPF füllen. Die Gewürze zufügen, obenauf die Kartoffeln legen und über das Ganze Bouillon gießen. Den Fischtopf in der geschlossenen Form im Ofen bei 220 Grad etwa 60 Minuten garen.

Dazu: Bratkartoffeln.

Für 6 Personen.

Als Getränk: Bier.

Vorbereitungsdauer: 10 Minuten.

Goldbarschfilet mit Champignons und Kräutersauce

600 g Goldbarschfilet
2 Teelöffel Salz
1 Teelöffel feiner weißer Pfeffer
Saft einer Zitrone
100 g durchwachsener Rauchspeck, gewürfelt
1 Zwiebel, gewürfelt
200 g Champignons (aus der Dose), abgetropft
1/4 l Weißwein
1/2 Teelöffel Selleriesalz
1/4 l saure Sahne
6 Eßlöffel gehackte Küchenkräuter

Das Fischfilet kalt abspülen, abtropfen lassen und mit Salz, Pfeffer und Zitronensaft einreiben. Den gewässerten RÖMERTOPF mit den Speckwürfeln auslegen, das Fischfilet darauflegen und mit den Zwiebelwürfeln bestreuen. Die Champignons in Viertel schneiden und darüber verteilen. Weißwein und Selleriesalz verrühren und über den Fisch gießen. Die Form schließen und das Ganze im Ofen bei 200 Grad etwa 40 Minuten garen. Den Fisch aus der Form nehmen und auf einer vorgewärmten Platte anrichten. Den Sud mit saurer Sahne verrühren, mit den Gewürzen abschmecken. Die Sauce dann über den Fisch gießen, mit Kräutern bestreuen.

Dazu als Beilage: Körniger Reis.

Getränk: Moselwein.

Für 4 Personen.

Vorbereitungsdauer: 8 Minuten.

Kieler Kräuterheringe

4 grüne Heringe
Saft von 2 Zitronen
1/2 Eßlöffel Salz
50 g Butter
2 hartgekochte Eier
2 Tomaten, gewürfelt
1 Stück Salatgurke, gewürfelt
1/4 Teelöffel Salz
1 Teelöffel Senf
1 Teelöffel Sardellenpaste
4 Eßlöffel gehackte Küchenkräuter

Die Heringe bratfertig vorbereiten, entgräten, mit Zitronensaft einreiben und salzen. 30 g Butter schaumig rühren. Die Eier pellen und fein hacken, dann unter die Butter mischen. Die Paste mit Salz, Senf und Sardellenpaste abschmecken. Zum Schluß die Kräuter daruntermischen. Diese Masse in die Heringe füllen, die Öffnungen evtl. mit kleinen Holzspießen zusammenstecken und die Fische nebeneinander in dem vorbereiteten RÖMERTOPF anrichten. Die übrige Butter schmelzen und damit die Fische einpinseln. Den Deckel aufsetzen und das Ganze im Ofen bei 220 Grad 30 bis 45 Minuten garen. Kurz vor Ende der Garzeit den Deckel abnehmen und die Fische etwas bräunen lassen.

Dazu: Kräutersauce und Kartoffelbrei.

Als Getränk: Frankenwein.

Für 4 Personen.

Vorbereitungsdauer: 12 Minuten.

Im eigenen Saft geschmort - Fleisch, Wild, Geflügel

Auch für diese Rezepte gilt uneingeschränkt alles Grundsätzliche über den RÖMERTOPF. Fettzugaben nur in Ausnahmefällen, viel eigener, natürlicher Bratensaft, und wenn ein falsch gewähltes Bratenstück dem nicht entgegensteht, ein herrlich zartes Fleischgericht. Und was für vieles andere gilt, gilt natürlich auch hier; im RÖMERTOPF verbliebene Reste können mit ein wenig neuer Flüssigkeit angereichert, leicht zu einer neuen Mahlzeit aufgewärmt werden.

Kalbsbraten mit Rieslingsauce

800 g Kalbsbratenstück, aus der Keule, ohne Knochen
4 Gewürznelken
6 Eßlöffel Öl
2 Zwiebeln, kleingeschnitten
2 Tomaten
1 Stange Lauch (Porree)
1/2 l Rieslingwein von Mosel oder Rhein
1 Becher Sahnejoghurt
1 Prise Zimtpulver
2 Teelöffel Salz
abgeriebene Schale einer Zitrone

Die Kalbskeule abspülen und abtrocknen, dann Nelken in das Fleisch drücken. RÖMERTOPF 10 Minuten vor Gebrauch in kaltes Wasser legen und dann sorgfältig abtropfen lassen. Das Fleisch hineinlegen und mit dem Öl übergießen. Zwiebeln, Tomaten und Porree kleinschneiden und um die Keule legen. Wein und Sahnejoghurt verrühren, mit Zimt, Salz und Zitronenschale abschmecken und darübergießen. In der geschlossenen Form im Ofen bei 240 Grad etwa 90 Minuten braten.
Zum Servieren auf einer vorgewärmten Platte anrichten, die Nelken entfernen und gegen die Fleischfaser in dünne Scheiben schneiden. Die Sauce durch ein Sieb streichen. In einer Sauciere servieren.
Dazu: Semmelklöße und Paprikaschotensalat.

Für 4 Personen.

Vorbereitungsdauer: 15 Minuten.

Gefüllte Kalbslendchen mit Walnußmus

2 ganze Kalbslendchen
1 Teelöffel Salz
2 Teelöffel Paprikapulver
1 Eßlöffel Mehl
2 Teelöffel flüssiger Fleischextrakt
1 Beutel geriebene Walnußkerne
50 g Butter
1/2 Teelöffel Currypulver
einige Spritzer Tabascosauce

Die Lendchen von Sehnen putzen, mit einem scharfen spitzen Messer am oberen Ende des Lendchens einstechen und von oben nach unten unter der Oberfläche entlangfahren. So lösen sich die Sehnen mühelos. Die Filets in Abständen von 2 cm tief einschneiden, aber darauf achten, daß das Fleisch nicht durchgeschnitten wird. Salz und Paprikapulver miteinander mischen, die Filets damit einreiben und beiseite legen. Einen RÖMERTOPF 10 Minuten vor Gebrauch in kaltes Wasser legen. In der Zwischenzeit Walnußmehl und Butter zu einer festen Paste kneten, mit Curry und Tabasco versetzen und die Masse in die Einschnitte der Filets streichen. Die beiden Filets miteinander in den RÖMERTOPF legen, mit Mehl bestäuben und mit Fleischextrakt beträufeln. Sie dann so in der geschlossenen Form im Ofen bei 240 Grad etwa 60 Minuten braten. Zum Servieren das Fleisch so in Scheiben schneiden, daß in der Mitte der Scheiben jeweils ein Einschnitt mit dem Nußmus ist.

Dazu als Beilage: Rosenkohl.

Getränk: Rheingauer Weißwein.

Für 4 Personen.

Vorbereitungsdauer: 10 Minuten.

Kalbsbraten mit Orangen

1 Kalbsnierenbraten (1,5 kg)
4 kleine Orangen
3 Teelöffel Salz
4 Teelöffel Zucker
1/4 Teelöffel Cayennepfeffer
50 g Butter
5 Tomaten, vierteln
2 Zwiebeln, in Scheiben geschnitten
1 Tasse gelöster Fleischextrakt
1 Tasse Tomatenmark
1 Zitrone

Den Braten fertig vorbereitet kaufen. Aber statt der Kalbsniere Orangen einwickeln. Dazu die Orangen dick abschälen, bis das Fruchtfleisch zu sehen ist. Den Braten mit Salz, 2 Teelöffeln Zucker und Cayennepfeffer innen und außen bestreuen und mit Fäden umwickeln. Falls die Fleischmenge nicht ausreichen sollte, können Sie die Orangen auch halbieren. Oder Holzspießchen benutzen. Das Fleisch in einen vorbereiteten RÖMERTOPF legen. Tomatenviertel, Butterflocken und Zwiebelscheiben um das Fleisch legen, den Fleischextrakt mit Tomatenmark und dem Saft der Zitrone verrühren und zusammen in die Form gießen. Das Ganze in der geschlossenen Form im Ofen bei 250 Grad etwa 2 Stunden braten.
Zum Servieren das Fleisch auf einer vorgewärmten Platte anrichten und bereithalten. Den Bratenfond durch ein Sieb gießen und in einer Kasserolle mit saurer Sahne und dem angerührten Stärkemehl binden und abschmecken.

Dazu als Beilage: Spaghetti mit Tomaten und Erbsen.

Getränk: Badischer Weißwein.

Vorbereitungsdauer: 15 Minuten.

Amsterdamer Kalbsbrust

1,5 kg Kalbsbrust ohne Rippen
je 2 Teelöffel Salz und weißer feiner Pfeffer
250 g gemischtes Hackfleisch vom Rind und Schwein
100 g Würfel von fettem geräuchertem Speck
2 Brötchen, mit Wasser eingeweicht und ausgedrückt
2 Eier
1 Bund gehackte Petersilie
2 Eßlöffel feinste Zwiebelwürfel
1 Eßlöffel Pilzpulver
2 Eßlöffel edelsüßes Paprikapulver
25 g Pflanzenbratfett
1/2 l heiße Bouillon
1/4 l Sahnejoghurt
3 Teelöffel Stärkemehl

Die Knochen der Kalbsbrust beim Schlachter (Metzger) auslösen und eine „Tasche“ einschneiden lassen. Das Fleisch dann innen und außen mit Salz und Pfeffer einreiben. Unter das Hackfleisch Speckwürfel, Brötchen, Eier, Petersilie, Pilz- und Paprikapulver sowie Zwiebeln kneten. Den Fleischteig würzig abschmecken und in die Kalbsbrust füllen. Die Öffnung mit kleinen Hölzchen (Zahnstochern) zustecken und die Kalbsbrust in den vorbereiteten RÖMERTOPF (Modell 113) legen. Das Bratfett über das Fleisch flocken und den Braten im Ofen in der geschlossenen Form bei 240 Grad rund 2 Stunden braten. 10 Minuten vor Ende der Garzeit die Bratenoberfläche mit Joghurt bestreichen und die offene Form noch einmal in den Ofen schieben. Den Bratensatz mit der Bouillon und dem Stärkemehl verrühren, zusammen aufkochen, wobei die Sauce sämig wird. Das Fleisch in dicken Scheiben aufschneiden. Die angegebenen Mengen reichen für 6—8 Personen oder für zwei Mahlzeiten, wobei im RÖMERTOPF leicht und schonend aufgewärmt werden kann.

Als Beilage: Blumenkohl mit Buttersauce.

Als Getränk: Rheinhessenwein.

Vorbereitungsdauer: 12 Minuten.

Tegernseer Kalbshaxe

2 Kalbshaxen
4 Teelöffel Salz
2 Teelöffel feiner weißer Pfeffer
4 Teelöffel edelsüßes Paprikapulver
4 Eßlöffel Butterschmalz
1/2 Tasse dunkles Bier
1 Schachtel Bratensaft (Fertigprodukt)
2 Teelöffel Stärkepuder

Die Kalbshaxen kalt abspülen, abtrocknen und mit Salz, Pfeffer und Paprikapulver rundherum einreiben. Einen RÖMERTOPF 10 Minuten vor Gebrauch in kaltes Wasser legen und die Haxen hineinlegen. Das Butterschmalz in Flocken obenauf legen. Bier angießen, die Form schließen und das Fleisch im Ofen bei 240 Grad etwa 90 Minuten braten. Den Bratensatz in einer Kasserolle getrennt mit dem Fertig-Bratensaft und dem Stärkemehl aufkochen. Hierzu Flüssigkeitsmenge nach Etikettenvorschrift des Bratensaftes ergänzen, 10 Minuten ziehen lassen, die Sauce abschmecken und über die Haxen gießen.

Dazu: Süddeutsche Nudeln und gemischter Salat.

Als Getränk: Bayerisches Bier.

Vorbereitungsdauer: 6 Minuten.

Kalbshaxe „Rimini"

1 Kalbshaxe
2 Eßlöffel Zitronensaft
abgeriebene Schale einer halben Zitrone
1 Teelöffel Salz
1 Teelöffel Pfeffer
2 Eßlöffel gehackte Petersilie
2 Eßlöffel Kräutermischung (Rosmarin, Estragon, Salbei)
2 Zwiebeln, gewürfelt
2 Tomaten, geviertelt
1/4 l Weißwein
1 Knoblauchzehe, zerdrückt
75 g geriebener Käse
1/2 Tasse Fleischbrühe

Die Kalbshaxe unter fließend kaltem Wasser abspülen und abtrocknen. Dann mit einer Mischung aus Zitronensaft, Zitronenschale, Salz, Pfeffer und den Kräutern einreiben. Die Haxe in den vorbereiteten RÖMERTOPF legen und Zwiebeln und Tomaten zufügen. Den Topf zudecken und das Ganze im Ofen bei 200 Grad rund zwei Stunden schmoren lassen. Während der Garzeit das Fleisch des öfteren mit Weißwein und dem Bratensaft beschöpfen. Zum Servieren Knoblauch und Käse unter den Bratensatz rühren, die Sauce durch ein Sieb gießen und mit der Fleischbrühe würzen und abschmekken.

Dazu: Butterspaghetti.

Als Getränk: Rheinhessenwein.

Für 4 Personen.

Vorbereitungsdauer: 6 Minuten.

Römersteaks mit amerikanischen Zwiebeln

40 g flüssige Butter
3 Stangen Lauch, geputzt, gewaschen, in Scheiben geschnitten
4 Zwiebeln, in Ringe geschnitten
150 g Senfgurken, gewürfelt
4 Eßlöffel gewiegte Petersilie
4 Rindersteaks (à 180 g)
3 Eßlöffel Kräutersenf
1 Prise Zucker
1 Teelöffel Paprikapulver
1/2 Teelöffel weißer Pfeffer
1 Knoblauchzehe, zerdrückt

Einen RÖMERTOPF vor Gebrauch 10 Minuten in kaltes Wasser legen, abtropfen lassen und darin Butter, Lauch und Zwiebeln miteinander mischen. Die Senfgurkenwürfel zufügen und eine dicke Schicht gehackte Petersilie darüberstreuen. Die Rindersteaks mit einer Mischung aus Kräutersenf, Zucker, Paprikapulver, Pfeffer und Knoblauch von beiden Seiten einstreichen und dann schuppenförmig auf dem Zwiebelgemüse anrichten. Den RÖMERTOPF zudecken und im Ofen bei 250 Grad etwa 65 Minuten garen lassen.

Dazu: Bratkartoffeln.

Als Getränk: Pfälzer Weißwein.

Für 4 Personen.

Vorbereitungsdauer: 10 Minuten.

Tiroler Kalbfleisch in Würzsauce

500 g Kalbfleisch aus der Keule
2 Zwiebeln
2 rote Paprikaschoten in Streifen
2 Tomaten in Viertel
150 g Erbsen
10 grüne Oliven, ohne Stein
2 g Safran
1 Teelöffel Rosenpaprika
1 Teelöffel Salz
1/2 l klare Fleischsuppe
1/4 l Rotwein

Das Fleisch ohne Knochen und Sehnen in mundgerechte Würfel schneiden. Die Zwiebeln in Scheiben schneiden und mit dem Fleisch, den Paprikaschoten, Tomaten und Erbsen bunt durcheinander ebenfalls in den vorbereiteten RÖMERTOPF füllen. Oliven und Gewürze zufügen und alles zusammen in der geschlossenen Form etwa 60 Minuten bei 240 Grad im Ofen garen.

Dazu: Salzkartoffeln und Wachsbohnensalat.

Für 4 Personen.

Als Getränk: Tiroler Rotwein.

Vorbereitungsdauer: 8 Minuten.

Fernands Ochsenfilets

250 g Kartoffeln, geschält, gewürfelt
10 kleine Zwiebelchen, gepellt
125 g geräucherter Bauchspeck, gewürfelt
1/2 Tasse Bouillon
250 g grüne Erbsen (tiefgekühlt)
1 kg Ochsenfilet-Mittelstück
80 g Butter
1 Teelöffel Salz
1/2 Teelöffel feiner weißer Pfeffer
1 Bund Petersilie
1 Bund Kerbel
4 Eßlöffel Öl
2 Teelöffel Puderzucker

In einen vorbereiteten RÖMERTOPF die Kartoffelwürfel, Zwiebeln und Speck einfüllen und mit der Bouillon übergießen. Die Erbsen darüber verteilen. Das Fleisch rundherum mit Butter bepinseln und mit den Gewürzen einreiben. Dann auf die Erbsen legen. Die kleingehackten Kräuter obenauf streuen und mit Öl beträufeln. Alles zusammen in der geschlossenen Form im Ofen bei 225 Grad etwa 80 Minuten garen.

Dazu: Pommes frites.

Für 6 Personen.

Als Getränk: Bordeaux-Rotwein.

Vorbereitungsdauer: 15 Minuten.

Gulasch „Piroschka“

750 g grob gewürfeltes Gulaschfleisch vom Rind
350 g rote, grüne und gelbe Paprikaschoten, entkernt
350 g feste Tomaten, abgezogen
6 Zwiebeln
2 Knoblauchzehen, zerdrückt

1 Eßlöffel Paprikapulver, edelsüß
1 Teelöffel Salz
1 Teelöffel schwarzer Pfeffer, grob geschotet
1 Prise Cayennepfeffer
$^1/_4$ l saure Sahne

Einen RÖMERTOPF 10 Minuten vor Gebrauch in kaltes Wasser legen. In dieser Zeit die Paprikaschoten ohne Kerne in Streifen schneiden. Dann die Tomaten vierteln und mit den Paprikastreifen, Zwiebeln und Knoblauch mischen. Das Fleisch in den vorbereiteten RÖMERTOPF füllen, mit Paprikapulver, Salz, Pfeffer und Cayenne mischen und obenauf das Gemüse legen. Die Sahne dazugießen und die Form schließen. Das Gulasch im Ofen bei 220 Grad etwa 90 Minuten gar schmoren.

Dazu: gebutterte Bandnudeln und grüner Salat.

Als Getränk: Beaujolais.

Für 5 Personen.

Vorbereitungsdauer: 8 Minuten.

Rinderschmorbraten nordfranzösische Art

1 kg Schmorbratenstück
$^1/_2$ l Buttermilch
1 Zwiebel, in Scheiben geschnitten
1 Lorbeerblatt
4 Pfefferkörner
4 Gewürzkörner
$^1/_4$ l Rotwein
4 Eßlöffel Cognac
2 Eßlöffel Mehl, angerührt
1 Teelöffel Salz
$^1/_2$ Teelöffel Pfeffer

Das Fleisch kurz in kaltem Wasser abspülen und in eine Schüssel legen. Buttermilch mit der Zwiebel, Lorbeerblatt, den Pfeffer- und Gewürzkörnern mischen und über das

← Hasenrücken auf Ananaskraut, Seite 84

Fleisch gießen. Es soll drei Tage in dieser Beize liegen. Dabei das Fleisch gelegentlich wenden. Anschließend das Fleisch in einen vorbereiteten Tontopf legen, die Hälfte der Beize durch ein Sieb gießen, mit Rotwein und Cognac mischen und in die Form füllen. Den Braten in der geschlossenen Form im Ofen bei 250 Grad etwa 80 Minuten garen. Zum Servieren das Fleisch in Scheiben aufschneiden, den Bratenfond mit Mehl binden.

Dazu: Gemischtes Gemüse und Petersilienkartoffeln.

Für 5 Personen.

Als Getränk: Burgunder Rotwein.

Arbeitszeit: 15 Minuten.

Alt-Wiener Lendenbraten mit Bratäpfeln

2 Zwiebeln, in Scheiben geschnitten
1 Stange Porree, in Scheiben geschnitten
2 Tomaten in Scheiben geschnitten
1 rohe, zerschnittene Kartoffel
1 Ochsenlende von etwa 750 g Rohgewicht
80 g fetter, geräucherter Speck
2 Teelöffel Salz
2 Teelöffel weißer Pfeffer
3 Teelöffel edelsüßes Paprikapulver
50 g Butter
Die Bratäpfel:
8 mittelgroße, festfleischige Äpfel (am besten Boskoop)
4 Eßlöffel Butter
4 Eßlöffel Zucker
4 Eßlöffel Korinthen
4 Eßlöffel Weinbrand oder Cognac
4 Eßlöffel Puderzucker
1/8 l Schlagsahne

Einen RÖMERTOPF 10 Minuten vor Gebrauch in kaltes Wasser legen, dann abtropfen lassen. Das vorbereitete Gemüse in die Form einfüllen. Die Ochsenlende mit streifig geschnittenem Speck spicken, mit den Gewürzen rundherum einreiben und auf das Gemüse legen. Mit Fettflocken bestücken. Zusammen in der geschlossenen Form im Ofen bei 220 Grad etwa 75 Minuten garen. Die ungeschälten Äpfel mit einem Kernhausstecher oder mit einem spitzen Messer ausstechen. In der Pfanne Butter und Zucker zu

Karamel erhitzen. Die zerschnittenen Korinthen zufügen, den Weinbrand in die heiße Masse gießen, entzünden und ausbrennen lassen. Die flambierte Karamelmasse in Äpfel füllen.
Nach 40 Minuten Garzeit die gefüllten Äpfel mit in die Form setzen und weich garen. Sahne mit dem Puderzucker steif schlagen und auf jeden Bratapfel eine Haube davon aufsetzen. Zum Servieren das Fleisch auf eine Platte legen, die Äpfel drumherum anrichten.

Als Beilage dazu: Kartoffelbrei.

Als Getränk: Rheingauer Wein Spätlese.

Vorbereitungsdauer: 14 Minuten.

Berliner Sauerbraten

2 l Buttermilch
2 Zwiebeln, in Scheiben geschnitten
2 Möhren, in Scheiben geschnitten
2 Lorbeerblätter
5 Wacholderbeeren, zerdrückt
4 Nelken
4 Pfefferkörner
1 kg Rindfleisch (aus der Hüfte oder der Keule)
75 g Speckscheiben
60 g Butterflöckchen
1/8 l Rotwein
4 Teelöffel Salz
3 Teelöffel feiner weißer Pfeffer
2 Stück Pfefferkuchen oder Zwieback

Buttermilch mit Zwiebelscheiben, Möhrenscheiben, Lorbeerblättern, Wacholderbeeren, Nelken und Pfefferkörnern mischen und das Rindfleisch in dieser Marinade in einer Schale 2 Tage durchziehen lassen. Dann das Fleisch abtropfen und die Oberfläche mit den Speckscheiben belegen. Einen RÖMERTOPF 10 Minuten wässern, abtropfen lassen und den Braten hineinlegen. Butterflocken obenauf verteilen und die durch ein Sieb gegossene Marinade darübergießen. Alles zusammen im geschlossenen RÖMERTOPF im Ofen bei 240 Grad etwa 2 Stunden schmoren. Danach das Fleisch auf eine vorge-

wärmte Platte legen und warm halten. Erst am Tisch in Scheiben schneiden. Von dem Bratensatz das überflüssige Fett abschöpfen, dann durch ein Sieb in eine Kasserolle gießen, mit Rotwein, Salz und Pfeffer abschmecken und zum Kochen bringen. Den zerriebenen Pfefferkuchen oder Zwieback zufügen und die Sauce damit binden. Das Fleisch mit einem Teil der Sauce überziehen.

Dazu: Schwarzwurzeln und Pellkartoffeln.

Als Getränk: Rheingauer Rotwein.

Vorbereitungsdauer: 16 Minuten.

Roastbeef in Burgunder

750 g Roastbeef
2 Teelöffel Streuwürze
1/2 Teelöffel Salz
1 Teelöffel schwarzer Pfeffer, gestoßen
1 Teelöffel Paprikapulver, edelsüß
40 g Öl
1/2 l Bouillon
2 Päckchen Bratensaft (Fertigprodukt)
1 Zwiebel, feingewürfelt
50 g durchwachsener Rauchspeck, kleingewürfelt
12 Eßlöffel Burgunder Rotwein
1 Dose Champignons, abgetropft, in Scheiben geschnitten

Das Fleisch im Stück mit Streuwürze, Salz, Pfeffer und Paprikapulver einreiben. In einen feucht vorbereiteten Römertopf das Fleisch hineinlegen, mit Öl beträufeln, und in der geschlossenen Form im Ofen bei 250 Grad etwa 40 Minuten lang braten. Danach das Fleisch warm stellen. Den Bratensatz im Römertopf mit einer Bouillon aufkochen, das Bratensaftpulver nach Anweisung des Etiketts darunterrühren und alle übrigen Zutaten in der fertigen Sauce 10 Minuten lang durchziehen lassen. Das Fleisch in Scheiben aufschneiden, auf einer vorgewärmten tiefen Platte treppenförmig anrichten und mit der Sauce übergießen.

Dazu: Erbsen auf französische Art,

Kartoffelbällchen.

Als Getränk: Badischer Rotwein.

Vorbereitungsdauer: 15 Minuten.

Alt-Düsseldorfer Schmorbraten

1 kg Rinderschmorbraten vom Hals oder aus der Keule
2 Eßlöffel Öl
2 Zwiebeln, gewürfelt
4 Tomaten, geviertelt
1 Bund Petersilie
1 Weinglas Weißwein
200 g frische Champignons
100 g gekochter Schinken
2 Teelöffel Salz
2 Teelöffel feiner schwarzer Pfeffer
1/8 l saure Sahne
2 Teelöffel Stärkemehl

Den Römertopf vor Gebrauch 10 Minuten in kaltes Wasser legen. Den Rinderbraten rundherum mit Öl bepinseln und in den Römertopf legen. Zwiebeln, Tomaten, Petersilie, Wein, Champignons und Schinken in feinen Stücken über das Fleisch verteilen.

Salz und Pfeffer darüberstreuen und den Braten in der geschlossenen Form im Ofen bei 250 Grad etwa 60 Minuten braten. Die Sahne mit dem Stärkemehl verrühren und den Bratensatz damit binden. Weitere 30 Minuten in der Sauce schmoren. Das Fleisch zum Servieren in zentimeterdicke Scheiben schneiden.

Als Beilage dazu Salzkartoffeln und Tomatensalat.

Als Getränk: Der gleiche Wein wie zum Braten.

Vorbereitungsdauer: 15 Minuten

In einen vorbereiteten RÖMERTOPF das dünn geklopfte Rouladenfleisch nebeneinanderlegen. Senf mit dem Öl, saurer Sahne, Kapern, Kräutern und den Gewürzen verrühren und diese Sauce über das Fleisch gießen. Erbsen und Karotten zufügen und alles zusammen in der geschlossenen Form im Ofen bei 250 Grad etwa 60 Minuten gar schmoren. Anschließend das Fleisch halbieren, so daß 4 Portionen entstehen. Auf eine Platte anrichten und ein Teil der Sauce überziehen.

Als Beilage: Kartoffelbrei.

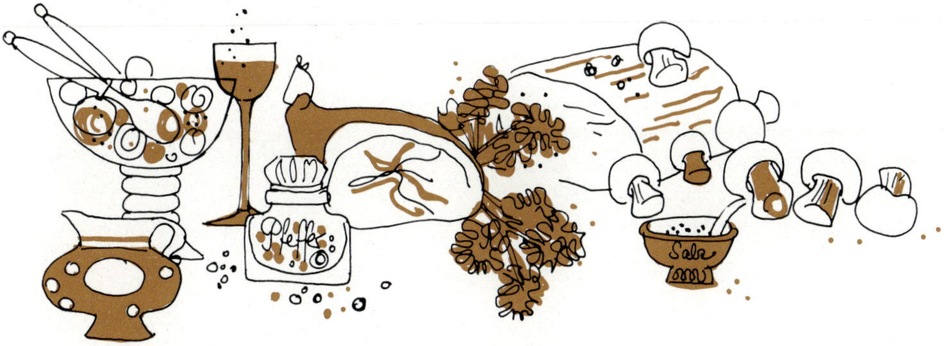

Pikante Kapernsteaks

2 Scheiben Rouladenfleisch zu je 300 g
3 Eßlöffel milder Senf
50 g Öl
3/8 l saure Sahne
3 Eßlöffel gehackte Kapern
3 Eßlöffel feingewiegte Kräuter
2 Teelöffel Salz
2 Teelöffel feiner schwarzer Pfeffer
je 1 Tasse Erbsen und Karotten

Als Getränk: Bier oder Elsässer Weißwein.

Vorbereitungsdauer: 8 Minuten.

Zahme Hirschmedaillons

2 Schweinefilets (Lenden)
1 Teelöffel feiner weißer Pfeffer
1/2 Teelöffel Oregano
1 Eßlöffel Wacholderbeeren

4 Eßlöffel Steinhäger
1 Eßlöffel Weinessig
1 Eßlöffel Rotwein
1 Teelöffel Zucker
$^1/_8$ Dose Lebercreme
10 Salzmandeln

Die Filets von den Sehnen befreien und in 10 Scheiben von etwa 2 cm Dicke schneiden. In einer Marinade aus Salz, Pfeffer, Oregano, zerdrückten Wacholderbeeren, Steinhäger, Essig, Wein und Zucker eine Nacht lang an kühlem Ort ziehen lassen. Auf diese Weise entsteht der typische Wildgeschmack, der dieses Gericht auszeichnet. Am nächsten Tag die Filetscheiben abtropfen lassen und in eine vorbereitete Tonform legen. Die Filetscheiben darin im Ofen bei 240 Grad etwa 40 Minuten garen. Die Filetscheiben dann auf einer vorgewärmten Platte anrichten. Mit zwei Teelöffeln von der Lebercreme Klößchen abstechen, auf den Filets anrichten und mit den Mandeln garnieren.

Dazu: Gebratene Würfelkartoffeln und Rotkohl.

Für 5 Personen.

Als Getränk: Burgunder Rotwein.

Vorbereitungsdauer: 10 Minuten.

Schweizer Imbiß

4 dünne Scheiben Schweineschnitzel, je 160 g
4 Scheiben Bündner Fleisch
4 Scheiben Schweizer Käse
2 Teelöffel scharfer Senf
6 Eßlöffel Tomatenketchup
2 Eßlöffel Bouillon
2 Eßlöffel kleingehackte Oliven
2 Eßlöffel kleingehackte Senfgurke
1 Zwiebel, feingewürfelt
1 Prise Paprikapulver

Die Schnitzel nebeneinanderlegen und mit einem breiten Messerrücken flachdrücken. Oder mit dem Fleischklopfer flachmachen. Auf je eine Fleischscheibe eine Scheibe Bündner Fleisch und Käse legen. Den Käse mit Senf einstreichen und dann zusammenrollen. Einen RÖMERTOPF wie üblich vorbereiten und die Rollen nebeneinander hineinlegen. Tomatenketchup mit den übrigen Zutaten verrühren, mit in die Form gießen und das Ganze im Ofen zugedeckt bei 250 Grad etwa 55 Minuten garen.

Dazu: Stangenweißbrot oder Buttertoast oder Reis.

Als Getränk: Badischer Rotwein.

Für 4 Personen.

Vorbereitungsdauer: 6 Minuten.

Mailänder Kotelett

2 Eßlöffel Öl
1 Eßlöffel Zitronenessig
1 Teelöffel Salz
1 Teelöffel weißer Pfeffer
3 Gewürzgurken, in feine Streifen geschnitten
$^1/_2$ Glas eingelegte Silberzwiebeln, gehackt
1 Zwiebel, feingewürfelt

2 Bund Küchenkräuter, feingehackt
4 Koteletts (à 180 g)
1 Teelöffel Salz
1 Teelöffel Paprikapulver
1/4 Teelöffel feiner weißer Pfeffer

Öl mit Zitronenessig, Salz und Pfeffer verrühren. Gewürzgurke, Silberzwiebeln, Zwiebeln und Küchenkräuter daruntermischen und alles zusammen in den vorbereiteten RÖMERTOPF füllen. Die Koteletts von beiden Seiten mit Salz, Paprikapulver und Pfeffer einreiben, mit dem Fleischhauer etwas plattieren, schuppenförmig auf der Kräutersauce anrichten und zusammen in der geschlossenen Form im Ofen bei 240 Grad etwa 60 Minuten garen.

Dazu: Bandnudeln und Tomatensalat.

Für 4 Personen.

Als Getränk: Rotwein.

Vorbereitungsdauer: 5 Minuten.

Zigeunersteak mit Rosenkohl

2 Eßlöffel Margarine
4 Scheiben Steakfleisch à 150 g
1 Teelöffel Salz
1/2 Teelöffel weißer Pfeffer
1/4 Teelöffel Zwiebelsalz
1 Zwiebel, gewürfelt
150 g magerer Schinken, in Streifen geschnitten
500 g Rosenkohl
1 Teelöffel Salz
1/2 Teelöffel Pfeffer
1/2 Teelöffel Muskatnuß
1 Stück Essiggurke, gehackt
60 g Butter, erhitzt
1/4 l Rotwein
1 Büschel Petersilie, gehackt

Margarine in einer Pfanne erhitzen und darin die Fleischscheiben von beiden Seiten kurz anbraten. Sie anschließend mit Salz, Pfeffer und Zwiebelsalz würzen und schuppenförmig in den vorbereiteten RÖMERTOPF legen. In dem Bratfett Zwiebelwürfel, Schinkenstreifen und Essiggurke 2 Minuten erhitzen, Rotwein zugießen und die Sauce über die Fleischscheiben verteilen. Rosenkohl putzen, waschen, abtropfen lassen und in einer Schüssel mit Salz, Pfeffer, Muskatnuß, Petersilie und zerlassener Butter mischen, über die Fleischscheiben verteilen und die Form zudecken. Das Gericht im Ofen bei 240 Grad etwa 30 Minuten garen.

Dazu: Butternudeln.

Für 4 Personen.

Als Getränk: Bier.

Vorbereitungsdauer: 10 Minuten.

Schweinelende „Tarascona“

200 g Tomaten
100 g Möhren, in Scheiben
2 Stangen Lauch, in Scheiben
1/4 Knolle Sellerie, geschält, gewürfelt
2 Zucchini, in Scheiben
2 Paprikaschoten, in Streifen
2 Eßlöffel Sojasoße

1/4 Teelöffel Glutamat
1 Teelöffel Salz
1 Teelöffel feiner schwarzer Pfeffer
1/4 Teelöffel Paprikapulver
500 g Schweinelende
2 Eßlöffel Sherry

Die Tomaten waschen, halbieren und mit den Möhrenscheiben, Lauch, Sellerie, Zucchini und Paprikaschoten im vorbereiteten RÖMERTOPF mischen. Sojasoße mit Glutamat, Salz und Pfeffer verrühren und über das Gemüse gießen. Von der Lende Haut und Fett abtrennen und das Fleisch rundherum mit Paprikapulver einreiben. Es dann auf das Gemüse legen. Das Gericht in dem geschlossenen RÖMERTOPF im Ofen bei 225 Grad etwa 60 Minuten gar schmoren und mit Sherry übergießen.

Dazu: aufgebackene Paprikachips.

Als Getränk: Rheinpfälzer Weißwein.

Für 4 Personen.

Vorbereitungsdauer: 10 Minuten.

Schweinefilets mit Cubanischer Sauce

4 Zwiebeln, geschält
2 Chilischoten, entkernt
je 1 rote, grüne und gelbe Paprikaschote
1 kleine Dose grüne Pfefferkörner (abgetropft)
100 g grüne Oliven ohne Stein
8 mittelgroße Tomaten
250 g Pfifferlinge (frisch, geputzt — oder aus Konserven, abgetropft)
1/4 l Olivenöl
1 Teelöffel Zucker
1 Teelöffel Salz
1 Teelöffel weißer Pfeffer
1 Teelöffel schwarzer Pfeffer, grob geschrotet
2 Schweinefilets, bratfertig
2 Eßlöffel Calvados (oder Weinbrand)

Die Zwiebeln, Chilischoten und Paprikaschoten in sehr kleine Würfel schneiden oder hacken. Die Pfefferkörner daruntermischen, Oliven und Tomaten ebenfalls kleinschnei-

den und mit den Pfifferlingen unter das Gemüse mischen. Olivenöl mit Zucker, Salz und dem Pfeffer verrühren, über die übrigen Zutaten gießen und alles zusammen in die Tonform füllen. Die geschlossene Form im Ofen bei 220 Grad etwa 80 Minuten schmoren lassen, dabei soll das Gemüse zu einer dicklichen Sauce einkochen.
Das Schweinefilet rundherum mit den Gewürzen einreiben, den Calvados oder Weinbrand darübergießen und das Fleisch in einer weiteren Form im Ofen ebenfalls 60 Minuten garen. Die Sauce anschließend im Mixer pürieren und über die Filets verteilen. Als Einlagen für die Sauce eignen sich zusätzlich Schinkenstreifen und kleingewürfeltes Gemüse.

Dazu: Kartoffelbrei und grüner Salat.
Getränk: Roséwein.
Für 6 Personen.
Vorbereitungsdauer: 15 Minuten.

Flämischer Schinken

40 g Butterflöckchen
2 Zwiebeln, gewürfelt
2 mittelgroße Äpfel, kleingeschnitten
1 kleine Dose Ananas, abgetropft
100 g Haselnußkerne, gehackt
1 kg Sauerkraut
1/4 l Bouillon
600 g magerer Schinken in 4 gleiche Scheiben geschnitten
8 Nelken
8 ausgestochene, runde Apfelscheiben
Kümmel
Majoran
Zucker

In einen vorbereiteten Römertopf die Butterflöckchen setzen. Sauerkraut auseinanderzupfen und mit den Zwiebeln, Äpfeln und

den Ananasstückchen in dem Topf mischen. Die gehackten Nüsse darüberstreuen. Die Bouillon darübergießen. Die Schinkenscheiben mit den Nelken spicken und schuppenförmig abwechselnd mit den Äpfeln auf dem Sauerkraut anrichten. Obenauf wieder Butterflöckchen verteilen. Das Gericht dann mit Kümmel, Majoran und Zucker vollenden und in der geschlossenen Form im Ofen bei 240 Grad etwa 70 Minuten garen.

Dazu als Beilage: Überbackener Kartoffelschnee.
Für 4 Personen.
Als Getränk: Bier oder Frankenwein.
Vorbereitungsdauer: 10 Minuten.

Schweinefilet mit Mandeln

2 Schweinelenden (Filets)
2 Teelöffel Salz
2 Teelöffel Paprika, edelsüß
2 Teelöffel feiner weißer Pfeffer
2 Eier, verquirlt
125 g Mandelspäne
2 Gläser Calvados
Bratensauce
2 Eßlöffel Instant-Saucenpulver (Fertigprodukt)
1/4 l Sahne
4 Eßlöffel feinste Zwiebelwürfel
1/2 Teelöffel feiner weißer Pfeffer
1/4 Teelöffel Salz

Die Schweinelende mit Salz, Paprika und Pfeffer würzen. Das Ei verquirlen, Fleisch darin wenden und mit Mandelflocken panieren. Das panierte Filet in einen vorbereiteten RÖMERTOPF legen, mit etwas Calvados beträufeln und in der geschlossenen Form im Ofen bei 240 Grad etwa 60 Minuten braten. Inzwischen das Saucenpulver mit der Sahne verrühren, zum Kochen bringen und die Zwiebel darin 10 Minuten bei milder Hitze ziehen lassen. Das Fleisch in Scheiben aufschneiden und die Sauce darüber.

Als Beilage: Apfelmus und gebackene Kartoffelscheiben.
Für 6 Personen.
Als Getränk: Badischer Wein.
Vorbereitungsdauer: 12 Minuten.

Schweinerollbraten „Stuttgart“

750 g Schweinekamm ohne Knochen
2 Teelöffel Salz
2 Teelöffel feiner schwarzer Pfeffer
1 Teelöffel feiner weißer Pfeffer
2 Zwiebeln, kleingeschnitten
1 Möhre, grob geraffelt
1/4 l Bouillon

Den Schweinekamm von beiden Seiten mit Salz und Pfeffer einreiben, zusammenrollen und mit der Fettseite nach oben in den vorbereiteten RÖMERTOPF legen. Zwiebeln und Möhre zufügen und zusammen mit der Bouillon übergießen. Den Schmorbraten in dem geschlossenen RÖMERTOPF im Ofen bei 240 Grad etwa 120 Minuten braten. Den Bratensatz durch ein Sieb gießen und ohne Mehl gebunden zum Fleisch servieren.

Als Beilage: Kartoffelsalat, gemischt mit Splittern von Gewürzgurken und Tomatenstücken.
Für 5 Personen.
Als Getränk: Helles Bier.
Vorbereitungsdauer: 8 Minuten.

Beschwipster Schinken

1 kg mageres Schweinefleisch aus der Keule, im Stück
1 Eßlöffel Kümmel
2 Teelöffel Salz
1 Teelöffel weißer Pfeffer
1/2 l dunkles Bier
1 Stück brauner Lebkuchen, zerbröselt
2 Eßlöffel Semmelbrösel

Das Fleisch rundherum kalt abspülen, abtrocknen und mit Kümmel, Salz und Pfeffer einreiben. Einen RÖMERTOPF 10 Minuten wässern. Dann das Fleisch hineinlegen. In das Bier und 1/4 l Wasser die Lebkuchenbrösel streuen und zusammen in die Form gießen. Das Fleisch zugedeckt im Ofen bei 240 Grad 100 Minuten garen. Dann die Semmelbrösel in die Flüssigkeit hineinrühren und noch weitere etwa 10 Minuten im Ofen schmoren lassen. In Scheiben aufschneiden.

Dazu: Rotkohl und Semmelknödel.

Als Getränk: Bier, hell und dunkel gemischt.

Für 4 Personen.

Vorbereitungsdauer: 10 Minuten.

Schweinebraten süddeutsche Art

1 kg Schweinekeule ohne Knochen
1 Teelöffel schwarzer Pfeffer, grob geschrotet
1 Teelöffel Salz
1 Teelöffel Knoblauchpulver
1 Teelöffel Rosmarin
1 Teelöffel Oregano
50 g Speckwürfel
1 Zwiebel, in Würfel geschnitten
2 Knoblauchzehen, gehackt
2 Teelöffel Rosenpaprika
2 Eßlöffel Sherry
2 Eßlöffel Kirschlikör

Das Fleisch abspülen, mit Küchenpapier abtrocknen und rundherum mit Pfeffer, Salz, Knoblauchpulver, Rosmarin und Oregano einreiben. In einen vorbereiteten RÖMERTOPF die Speckwürfel einfüllen und das Stück Schweinekeule hineinlegen. Obenauf Zwiebelwürfel und Knoblauch verteilen, Paprika darüberstreuen, den Sherry und den Likör darüberträufeln. Den Braten in der geschlossenen Form im Ofen bei 250 Grad etwa 80 Minuten garen. Den Bratenfond mit Mehl binden und als Sauce dazu servieren.

Dazu: Krautsalat und Salzkartoffeln.

Für 6 Personen.

Als Getränk: Badischer Rotwein oder Weißherbst.

Vorbereitungsdauer: 10 Minuten.

Schweinebraten Reni

1 Bund Suppengrün, geputzt, kleingeschnitten
2 Zwiebeln, gewürfelt
1/8 l Bouillon

1 Teelöffel Salz
1 Teelöffel weißer Pfeffer
1 Prise Currypulver
1 kg Schweinebraten (aus dem Nacken)
½ Teelöffel Salz
1 Teelöffel Paprikapulver

Den vorbereiteten Tontopf lagenweise mit dem vorbereiteten Suppengrün und den Zwiebeln füllen. Die Bouillon mit Salz und Pfeffer und Currypulver mischen und über das Gemüse gießen. Das Fleisch rundherum mit Salz und Paprikapulver einreiben und auf das Gemüse legen. Die Form verschließen und im Ofen bei 250 Grad den Braten etwa 80 Minuten gar schmoren. Dann in Scheiben aufschneiden und auf einer Platte anrichten.

Dazu: Leipziger Allerlei und Kartoffelkroquetten.

Für 4 Personen.

Als Getränk: Bier.

Vorbereitungsdauer: 5 Minuten.

Gefüllte Schweineschnitzel Luzerner Art

4 Schweineschnitzel (à 160 g)
1 Teelöffel Salz
1 Teelöffel Pfeffer
¼ Teelöffel Knoblauchsalz
150 g Brät (Bratwurstfüllung)
1 Teelöffel Majoran
Salz
Pfeffer
2 Eßlöffel Öl

In die Fleischscheiben vorsichtig eine Tasche einschneiden und das Fleisch innen und außen mit einer Mischung aus Salz, Pfeffer und Knoblauchsalz einreiben. Brät mit Majoran würzen und abschmecken, dann in die Fleischtaschen füllen und mit Holzspießchen die Öffnungen zusammenstecken. In den vorbereiteten RÖMERTOPF die gefüllten Schnitzel hineinlegen, mit Öl beträufeln, und in der geschlossenen Form im Ofen bei 250 Grad etwa 65 Minuten braten.

Dazu: Grüner Salat und Butterkartoffeln.

Für 4 Personen.

Als Getränk: Badischer Weißwein.

Vorbereitungsdauer: 8 Minuten.

Süßsaures Peking-Fleisch

1 kg Schweinefleisch (Schulter)
150 g Stärkemehl
50 g Sojamehl
1 Eigelb
1/2 l Essig
1 Teelöffel Selleriesalz
1/2 Teelöffel weißer Pfeffer
1 Prise Cayennepfeffer
4 Eßlöffel Öl
10 Eßlöffel Sojasauce
1 Prise Salz
5 Eßlöffel Tomatenketchup
3 Eßlöffel Zucker

Das Fleisch ohne Knochen und Schwarte in mundgerechte Würfel schneiden. In einer Mischung aus Stärkemehl, Sojamehl, Eigelb und Essig mit den Gewürzen 10 Minuten durchziehen lassen; dann mit Öl, Sojasauce und Salz in eine vorbereitete Tonform füllen. Tomatenketchup und Zucker miteinander verrühren und obenauf gießen. Zusammen in der geschlossenen Form im Ofen bei 240 Grad etwa 80 Minuten garen.

Dazu: Reis.

Für 6 Personen.

Als Getränk: Bier.

Vorbereitungsdauer: 4 Minuten.

Djuwetsch aus Belgrad

500 g Schweinegulaschfleisch
2 Eßlöffel Öl
1 Teelöffel Salz
1 Teelöffel weißer Pfeffer
1 Teelöffel Paprikapulver
1 Knoblauchzehe, zerdrückt
1 Zwiebel, gewürfelt
2 rohe Kartoffeln, in Scheiben geschnitten
3 grüne Paprikaschoten, in Streifen geschnitten
250 g Reis
1 l Bouillon
4 Tomaten

Das Schweinegulasch in Würfeln in einen vorbereiteten RÖMERTOPF füllen und mit Öl, Salz, Pfeffer, Paprika, Knoblauch, Zwiebeln und Kartoffeln mischen. Darüber die Paprikastreifen und obenauf den Reis verteilen. Das Ganze mit Bouillon übergießen und die Tomaten obenauf legen. Den Eintopf in der geschlossenen Form im Ofen bei 220 Grad etwa 60 Minuten schmoren. Den RÖMERTOPF auf den Tisch stellen und die Portionen mit einem großen Löffel herausverteilen.

Für 4 Personen.

Als Getränk: Bier.

Vorbereitungsdauer: 5 Minuten.

Schweineschmaus

600 g mageres Schweinefleisch, in Scheiben geschnitten
2 Teelöffel Senf
1 Zwiebel, in Ringe geschnitten
Salz
4 Wacholderbeeren
4 Pfefferkörner
1 Teelöffel Tomatenmark
1 Tasse Wasser
400 g Weißkohl, geputzt, gehobelt
1/2 Zwiebel, in Würfel geschnitten
Salz
1 Teelöffel Kümmel
1 kleines Lorbeerblatt
1 Teelöffel Öl
1/2 Tasse Wasser

Das Fleisch mit Senf bestreichen und in einer Spezialpfanne rundherum ohne Fett anbraten. In einen vorbereiteten RÖMERTOPF Zwiebeln, Salz, Wacholderbeeren, Pfefferkörner, Tomatenmark und Wasser geben, das Fleisch darauflegen und in der geschlossenen Form im Ofen bei 220 Grad 30 Minuten schmoren. Dann die Soße mit etwas Wasser auffüllen. Den Weißkohl mit Zwiebeln, Salz, Kümmel und Lorbeerblatt in Öl in einer Kasserolle dünsten, mit Wasser löschen, mit in den RÖMERTOPF geben und alles zusammen bei gleicher Temperatur im Ofen etwa weitere 20 Minuten garen lassen.

Dazu: Salzkartoffeln.

Für 4 Personen.

Als Getränk: Bier.

Vorbereitungsdauer: 15 Minuten.

Hammelkoteletts mit Zwiebeln

2 Eßlöffel Öl
5 Zwiebeln, in Scheiben geschnitten
$^{1}/_{2}$ l saure Sahne
1 Teelöffel Salz
1 Teelöffel schwarzer Pfeffer, frisch gemahlen
10 Hammelkoteletts
1 Teelöffel Thymian
1 Prise Salbei
$^{1}/_{4}$ Teelöffel Majoran
1 Teelöffel Salz
40 g Öl

Das Öl unter die Zwiebeln mischen, die saure Sahne mit Salz und Pfeffer verrühren und über die Zwiebeln gießen. Dann zusammen in eine vorbereitete Tonform füllen. Die Hammelkoteletts von beiden Seiten mit Thymian, Salbei, Majoran und Salz einreiben, im heißen Öl in der Pfanne nur ganz kurz von beiden Seiten braten, auf das Zwiebelgemüse legen und alles zusammen in der geschlossenen Form im Ofen bei 250 Grad etwa 40 Minuten braten.

Dazu: Aufgebackene Chips-Kartoffeln.

Für 4 Personen.

Als Getränk: Bordeaux-Rotwein.

Vorbereitungsdauer: 8 Minuten.

Hammelragout Hakim

1 kg Hammelschulter, gewürfelt
3 Zwiebeln, gehackt
4 Eßlöffel Butter
1 Glas Weißwein
$^{1}/_{8}$ l Ananassaft (aus der Dose)
4 Eßlöffel Rübensirup
2 Teelöffel Rosmarinblätter
4 Eßlöffel Sherry
1 Stück eingelegte Ingwerknolle, feingehackt
$^{1}/_{8}$ l Kondensmilch oder Sahne
2 Teelöffel Stärkemehl
2 Eßlöffel frisch gehacktes Kerbelkraut

Einen RÖMERTOPF wie vorgeschrieben mit Wasser vorbereiten. Während dieser Zeit die Fleischwürfel und Zwiebeln mit der heißen Butter in einer Kasserolle 4 Minuten lang braten. Dann in den RÖMERTOPF füllen. Weißwein mit Ananassaft, Sirup, Rosmarin, Sherry und Ingwer mischen und über das Fleisch gießen. Das Ragout in der geschlossenen Form im Ofen bei 240 Grad etwa 70 Minuten lang schmoren. Kondensmilch oder Sahne und Stärkemehl klumpenfrei verrühren, das Ragout damit binden, gründlich rühren und zum Servieren die Kerbelblättchen daruntermischen.

Dazu: Bandnudeln und grüner Salat.

Für 5 Personen.

Getränk: Rheinhessenwein.

Vorbereitungsdauer: 8 Minuten.

Neuseeländer Lammspieße

500 g mageres Lammfleisch (evtl. Tiefkühl)
4 mittelgroße Zwiebeln, gepellt, geviertelt
8 Tomaten, geviertelt
200 g gekochter Schinken, in Würfel geschnitten
4 Eßlöffel Öl
1 Teelöffel Streuwürze
1 Teelöffel getrocknete Minze
1/2 Teelöffel abgeriebene Schale einer halben Zitrone
1 Prise Knoblauchpulver
1/4 Teelöffel Majoran
1 Prise Zwiebelpulver

Das Lammfleisch auftauen lassen und in gleichgroße Würfel schneiden. Diese dann abwechselnd mit den Zwiebelstücken, Tomatenvierteln und dem Schinken auf Metallspieße stecken. Das Öl mit der Streuwürze, Minze, Zitronenschale, Knoblauchpulver, Majoran und Zwiebelpulver verrühren, dann die Spieße damit einstreichen und kurze Zeit einziehen lassen. Einen RÖMERTOPF 10 Minuten in kaltes Wasser legen, abtropfen lassen und dann die Spieße nebeneinander hineinlegen. Die Gewürzmischung darüberträufeln, die Form zudecken und die Spieße im Ofen bei 250 Grad etwa 55 Minuten gar schmoren.

Dazu: Bratkartoffeln.

Für 4 Personen.

Als Getränk: Pfälzer Wein.

Vorbereitungsdauer: 10 Minuten.

Ente auf Apfelrotkohl, Seite 90 →

Hammelkeule Schloß Trendelburg

1 kg Hammelkeule ohne Knochen, aus der Mitte geschnitten
2 Möhren, kleingeschnitten
2 Zwiebeln, in Scheiben geschnitten
2 l Buttermilch
4 Eßlöffel Essig
1 Lorbeerblatt
12 schwarze Pfefferkörner, zerdrückt
2 Teelöffel Salz
2 Teelöffel Zucker
100 g fetter Rauchspeck, in Streifen geschnitten
1 Tasse Semmelmehl
1/4 l saure Sahne
2 Teelöffel feiner schwarzer Pfeffer
1/2 Teelöffel Paprikapulver
1 Bund Schnittlauch, gewiegt
1 Bund Petersilie, gewiegt

Die Sehnen, falls noch vorhanden, von der Keule ablösen und das Fleischstück in einer Marinade aus Möhren, Zwiebeln, Buttermilch und den Gewürzen 2 Tage zugedeckt liegenlassen, dann herausnehmen und abtrocknen. Das Fleisch mit den Speckstreifen spicken, in einen naß vorbereiteten RÖMERTOPF legen und im Ofen in der geschlossenen Form bei 240 Grad etwa 2 Stunden braten. Die Beize durch ein Sieb gießen und einen Viertelliter davon zusammen mit Semmelmehl, saurer Sahne und den Gewürzen aufkochen. Die Sauce abschmecken, zu dem Braten gießen, und die Kräuter obenauf streuen.

Dazu: Grüne Bohnen und Bohnenkerne, und Salzkartoffeln.

Für 6 Personen.

Als Getränk: Ahrburgunder.

Vorbereitungsdauer: 12 Minuten.

Champignonhähnchen

2 Hähnchen, bratfertig (zusammen etwa 1000 g)
2 Teelöffel Salz
1 Zwiebel, gewürfelt
40 g Mehl
1 Teelöffel Selleriesalz
1 Prise Knoblauchpulver
250 g Champignons, in dünne Scheiben geschnitten
1 Prise Majoran
1/4 l Bouillon
1 Eigelb
Saft einer halben Zitrone
2 Eßlöffel Semmelbrösel
40 g Butterflöckchen
4 Eßlöffel geriebener Käse

Die Hähnchen außen mit Salz einreiben, halbieren und mit der offenen Seite nach oben in einen vorbereiteten RÖMERTOPF legen. Sollte der RÖMERTOPF zu klein sein, die Hälften übereinanderlegen. Die Zwiebelwürfel mit Mehl verrühren, die Gewürze zufügen und die Champignons daruntermischen. Über die Hähnchenhälften streuen. Dann Majoran und die Bouillon mit Eigelb und Zitronensaft rühren. Diese Mischung ebenfalls über die Hähnchenhälften verteilen, mit Semmelbröseln bestreuen und die Butterflöckchen obenaufsetzen. Darüber den Käse streuen und bei 240 Grad etwa 50 Mi-

nuten in der geschlossenen Form im Ofen garen.

Dazu: Petersilienreis.

Als Getränk: Rheingauer Weißwein.

Für 4 Personen.

Vorbereitungsdauer: 10 Minuten.

Bremer Kükenragout

4 Stubenküken (sehr junge Hühnchen), bratfertig
1 Teelöffel Salz
8 Scheiben Frühstücksspeck (Bacon)
1/8 l Bouillon
1/2 l helle Mehlschwitze
200 g Muschelfleisch (im Handel fertig)
4 Eßlöffel saure Sahne
150 g grüne Erbsen
1 kleine Dose Champignons, abgetropft
125 g Krabbenfleisch
1 kleine Dose Spargelabschnitte, abgetropft

Die Stubenküken abspülen, abtrocknen und innen und außen mit Salz einreiben. Dann mit dem Speck umhüllen. Die Küken in einen vorbereiteten RÖMERTOPF legen und mit der Bouillon übergießen. Dann in der geschlossenen Form im Ofen bei 250 Grad 20 Minuten schmoren. In der Zeit unter die Mehlschwitze das Muschelfleisch, saure Sahne, Erbsen, Champignons, Krabbenfleisch und Spargel mischen. Dann zusammen mit in die Tonform gießen, mit der Bouillon verrühren und das Ganze etwa weitere 50 Minuten gar schmoren lassen. Das Ragout in der Form zu Tisch bringen.

Dazu: Kartoffelpürree und Kopfsalat.

Als Getränk: Moselwein.

Für 4 Personen.

Vorbereitungsdauer: 12 Minuten.

Spanische Hähnchen

1 bis 2 Hähnchen (je nach Größe), bratfertig
1 Teelöffel Salz
2 Teelöffel weißer Pfeffer
2 Eßlöffel Olivenöl
1 Zwiebel, gewürfelt
je 3 grüne und rote Pfefferschoten, in Streifen geschnitten
1 Knoblauchzehe, zerdrückt
1 Möhre, geraffelt
1 Stück Sellerie, geraffelt
Saft einer halben Orange
1 Teelöffel Zitronensaft
1 Teelöffel Oregano
1/4 l Tomatensaft
4 Eßlöffel gefüllte Oliven

Die Hähnchen innen und außen mit Salz und Pfeffer einreiben und mit dem Öl beträufeln. Sie dann in eine vorbereitete Tonform legen. Zwiebelwürfel, Paprika bzw. Pfefferschoten, Knoblauchzehe, Möhre und Sellerie miteinander vermischen, Orangen- und Zitronensaft mit dem Tomatensaft verrühren. Diese Zutaten über die Hähnchen verteilen, mit den kleingeschnittenen Oliven bestreuen und alles zusammen in der geschlossenen Form im Ofen bei 240 Grad etwa 80 Minuten gar schmoren.

Dazu: Reis.

Als Getränk: Spanischer Rotwein.

Für 4 Personen.

Vorbereitungsdauer: 6 Minuten.

Hasenrücken auf Ananaskraut

2 kleine Hasenrücken (zusammen etwa 1 kg)
2 Teelöffel Salz
3 säuerliche Äpfel (Boskoop)
100 g durchwachsener Rauchspeck, in dünnen Scheiben
12 Wacholderbeeren
1/2 Lorbeerblatt
4 Gewürznelken
1/8 l Bouillon
60 g Butter
4 Eßlöffel Sherry
4 Eßlöffel Öl
1 Dose Sauerkraut
1 kleine Dose Ananas

Die Hasenrücken vor Gebrauch etwa 48 Stunden in feuchte, mit Essigwasser getränkte Tücher einschlagen. Sie dann mit Salz einreiben, in einen feuchten, großen RÖMERTOPF (Modell 113) legen und lagenweise mit ungeschälten Apfelscheiben und Speck zudecken. Die Gewürze und Butter zufügen und das Ganze mit wenig Bouillon angießen. Die Hasenrücken etwa 90 Minuten bei 220 Grad gar schmoren. Nach 50 Minuten Garzeit die Rücken vorübergehend aus der Form nehmen. Sollte sich dabei viel Flüssigkeit gebildet haben, einen Teil davon in eine Schale abgießen, mit Sahne verrühren, abschmecken und als Sauce später zum Braten dazugießen. Sauerkraut aus der Dose zerzupfen und mit den Ananasstückchen in die Form legen, darauf die Hasenrücken anrichten, mit Sherry begießen und das Öl darüberträufeln. Alles zusammen nochmals in der geschlossenen Form weitere 40 Minuten garen.

Dazu Kartoffelbrei und Sahnesauce.

Für 4—6 Personen.

Getränk: Ahrburgunder.

Vorbereitungsdauer: 20 Minuten.

Böhmisches Schweinesteak

1/4 Knolle Sellerie
1 Stange Lauch (Porree)
750 g Schweinekeule ohne Knochen
2 Teelöffel Zwiebelsalz
2 Teelöffel Salz
2 Teelöffel weißer feiner Pfeffer
4 Teelöffel milder Senf
1 Eßlöffel Mehl
6 Eßlöffel geriebener Käse
5 Eßlöffel Butter

Den RÖMERTOPF vor Gebrauch 10 Minuten in kaltes Wasser legen. Auf dem Boden Selleriestreifen und Lauchscheiben verteilen. Das Fleisch rundherum mit Zwiebelsalz, Salz, Pfeffer und Senf einreiben und auf das Gemüse legen. Die Oberfläche mit Mehl bestäuben und den Käse mit Butterflocken darüberstreuen. Den Braten in der geschlossenen Form im Ofen bei 250 Grad 90—120 Minuten garen. Zum Anrichten das Fleisch in Scheiben aufschneiden. Den Bratensatz mit dem Gemüse durch ein Sieb streichen, in einer Kasserolle mit Milch verrühren und abschmecken. Zum Schluß noch einmal aufkochen. Über das Fleisch gießen.

Dazu als Beilage: Apfel und Kartoffeln.

Als Getränk: Helles Bier.

Für 4 Personen.

Vorbereitungsdauer: 10 Minuten.

Gefüllte Schweinesteaks Avignon

4 Scheiben Schweinesteak à 200 g
2 Teelöffel Salz
1/4 Teelöffel Knoblauchpulver
4 Scheiben gekochter Schinken à 30 g
4 dünne Käsescheiben (Scheibletten) à 40 g
4 kleine Zweige Rosmarin
2 Eßlöffel Mehl
4 Eßlöffel geriebener Käse
2 Eier
4 Teelöffel edelsüßes Paprikapulver
60 g Butterflocken

Die Steaks nicht klopfen, sondern so dick wie möglich lassen. In die Schweinesteaks eine Tasche einschneiden und das Fleisch mit Salz und Knoblauchpulver einreiben. In die Taschen je eine Scheibe Schinken und Käse und etwas Rosmarin legen. Einen RÖMERTOPF 10 Minuten in kaltes Wasser legen. Das Fleisch in einer Mischung aus Mehl, Käse, Eiern und Paprikapulver wenden. Die gefüllten Steaks nebeneinander in die Form legen, mit Butterflocken belegen und in der geschlossenen Form im Ofen bei 250 Grad etwa 55 Minuten garen. Als Sauce braune Butter dazu.

Dazu als Beilage: Gebackene Auberginenscheiben, Würfelkartoffeln.

Als Getränk: Roséwein.

Für 4 Personen.

Vorbereitungsdauer: 12 Minuten.

Ente mit Steinpilzen

1 Ente, bratfertig
1 Eßlöffel Salz
1/4 l Wasser
1 Prise Currypulver
1 Prise Ingwerpulver
40 g Speckwürfel
1 große Zwiebel, gewürfelt
750 g Steinpilze, geputzt, kleingeschnitten
1 Teelöffel weißer Pfeffer
1/2 Teelöffel Salz

Die Ente innen kalt spülen, abtrocknen und rundherum mit Salz einreiben. In den vorbereiteten RÖMERTOPF (Modell 113) legen und mit etwas Wasser angießen. Zu dem übrigen Wasser Currypulver und Ingwer geben. Die Ente im geschlossenen RÖMERTOPF im Ofen bei 250 Grad etwa 90 Minuten braten. Dann das übrige Wasser zugießen. Speckwürfel mit der Zwiebel und den Pilzen mischen; zu der Ente geben, mit Salz und Pfeffer bestäuben und alles zusammen weitere 30 Minuten garen. Die Ente vorsichtig aus dem Sud nehmen und auf einer vorgewärmten Platte anrichten. Die Pilze um die Ente legen. Den Bratenfond mit Mehl binden, abschmecken und einen Teil davon über die Pilze gießen, die übrige Sauce in einer Sauciere anrichten. Wer keine frischen Pilze bekommt, kann diese getrocknet kaufen und nach Etikettenvorschrift aufquellen lassen. Das Aroma ist noch stärker als bei frischen Pilzen.

Dazu: Petersilienkartoffeln, Selleriesalat.

Als Getränk: badischer Weißwein.

Für 4 Personen.

Vorbereitungsdauer: 20 Minuten.

Geschmorte Täubchen

4 junge Täubchen, bratfertig
2 Teelöffel Salz
100 g Speckwürfel
Leber, Herzen und Mägen der Tauben
1 Brötchen, eingeweicht, ausgedrückt
1 Ei
1 Bund gehackte Petersilie
1/4 Teelöffel Salz
1/2 Teelöffel weißer Pfeffer
1/4 l Bouillon
1 Eßlöffel Mehl
1/4 l saure Sahne

Die Tauben waschen, abtrocknen und innen und außen mit Salz einreiben. Einen RÖMERTOPF vor Gebrauch 10 Minuten in kaltes Wasser legen. In der Zwischenzeit die Speckwürfel in einer Pfanne auslassen, die Innereien der Tauben darin anbraten und dann anschließend zusammen durch die feine Scheibe des Fleischwolfes drehen. Darunter das Brötchen, Ei, Petersilie und Gewürze mischen und die Masse pikant abschmekken. Die Tauben mit der Masse füllen und nebeneinander in den Topf legen. Bouillon dazugießen und alles zusammen in der geschlossenen Form im Ofen bei 250 Grad etwa 90 Minuten braten. Sie anschließend auf einer vorgewärmten Schüssel bereithalten. Den Fond in eine Kasserolle gießen, zum Kochen bringen. Mehl mit der sauren Sahne verrühren, die Sauce damit binden und zum Servieren über die Tauben füllen.

Dazu: Teltower Rübchen und Salzkartoffeln.

Als Getränk: Rheingauer Wein.

Für 4 Personen.

Vorbereitungsdauer: 20 Minuten.

Hähnchen griechische Art mit Weinblättern

1 Hähnchen, bratfertig, ausgenommen
1 Teelöffel Salz
1 Teelöffel weißer Pfeffer
1/8 l Milch
1 Ei
1 Eßlöffel Butter
1/2 Teelöffel Salz
1 Prise Thymian
1 Bund Petersilie, gehackt
4 Brötchen in Würfel geschnitten
8 junge Weinblätter
1 Prise Paprikapulver
1/8 l Sahne
1/8 l Weißwein
1 Teelöffel Stärkemehl

Die Hähnchen innen kalt spülen, abtrocknen und innen mit Salz und Pfeffer einreiben. Unter die Milch mit einem Schneebesen Ei, zerlassene Butter, Gewürze und Petersilie rühren und die Brötchenwürfel daruntermischen. Diese Masse in das Hähnchen füllen. Dann die Weinblätter mit kochendem Wasser überbrühen und abgießen, außen um die Tiere legen und mit Fäden fest umwickeln. Das Hähnchen in einen vorbereiteten RÖMERTOPF legen, und dünn mit Paprikapulver überstäuben. Dann in dem geschlossenen Topf bei 220 Grad etwa 1 Stunde und 30 Minuten braten. Sahne, Weißwein und Stärkemehl miteinander verrühren, den Dünstfond damit binden und als Sauce zu dem Hähnchen servieren.

Dazu: Reis.

Als Getränk: Rheinhessenwein.

Für 4 Personen.

Vorbereitungsdauer: 15 Minuten.

Gefülltes Hähnchen Bamberg

1 Huhn, bratfertig
1 Teelöffel Salz
125 g Kalbs- oder Schweineleber
Herz, Leber und Magen vom Huhn
100 g Speck
1 Zwiebel, feingewürfelt
1 Brötchen, eingeweicht, ausgedrückt
1 Ei
3 Eßlöffel Semmelbrösel
1/2 Teelöffel Salz
1 Teelöffel feiner weißer Pfeffer
1/4 Teelöffel Oregano
1 Büschel Petersilie, gehackt
1/8 l saure Sahne

Das Huhn waschen, abtrocknen und innen und außen mit Salz einreiben. Die Leber und die Innereien vom Huhn mit Speck und der Zwiebel und dem Brötchen mehrmals durch die feine Scheibe des Fleischwolfes drehen. Die Masse mit Ei, Semmelbrösel und den Gewürzen verkneten und pikant abschmecken. Dann in das Huhn füllen, die Öffnung zunähen oder mit Holz-

Aparte Fleischspieße, Seite 97 →

spießchen zustecken und das Huhn dann in einen gewässerten RÖMERTOPF legen. Die Form verschließen und im Ofen bei 200 Grad etwa 90 Minuten schmoren. Den Dünstfond mit gehackter Petersilie und Sahne verrühren, mit den Gewürzen abschmecken. Die Sauce separat zu dem Huhn servieren.

Dazu: Chicoréesalat und Reis.

Als Getränk: Rheingauer Weißwein.

Für 4 Personen.

Vorbereitungsdauer: 12 Minuten.

Ente auf Apfelrotkohl

1 Ente, bratfertig
1 Teelöffel Salz
1/2 Teelöffel weißer Pfeffer
je 1 Prise Zimt- und Pimentpulver
750 g Rotkohl, in feine Streifen geschnitten
2 säuerliche Äpfel, geschält, entkernt, in Scheiben geschnitten
1 Lorbeerblatt
2 Eßlöffel Essig oder Weißwein
1 Zwiebel, gewürfelt
1/4 l Bouillon

Die Ente innen und außen mit Salz, Pfeffer, Zimt und Pimentpulver einreiben. Dann in den gewässerten RÖMERTOPF legen und mit geschlossenem Deckel etwa 40 Minuten bei 220 Grad braten. In der Zwischenzeit den Rotkohl mit Äpfeln, Lorbeerblatt, Essig oder Weißwein und den Zwiebeln mischen. Dann um die Ente in die Form legen, mit Bouillon übergießen und alles zusammen weitere 75 Minuten bei 200 Grad garen. 5 Minuten vor Ende der Garzeit den Deckel abheben, damit das Fleisch bräunt.

Dazu: Zwiebelbratkartoffeln.

Für 4 Personen.

Getränk: Ahrburgundwein.

Vorbereitungsdauer: 10 Minuten.

Schwarzwälder Rehpfeffer

1 kg Rehschulter
2 Zwiebeln in Viertel geschnitten
2 Lorbeerblätter
2 Gewürznelken
1 Teelöffel getrockneter geriebener Thymian
dünn abgeschälte Schale einer halben Zitrone
4 Wacholderbeeren
4 schwarze Pfefferkörner
3 Tassen Rotwein
50 g durchwachsener Rauchspeck, gewürfelt
4 gewürfelte Zwiebeln
3 Schwarzbrotrinden
2 Teelöffel Salz
1 Teelöffel Selleriesalz
1 Teelöffel feiner, weißer Pfeffer
2 Eßlöffel Johannisbeergelee
1/2 Tasse Sahne

Das Fleisch enthäuten und vom Knochen lösen. In mundgerechte Stücke schneiden. In einer Schüssel mit einer Marinade aus Zwiebeln, Lorbeerblättern, Gewürznelken, Thymian, Zitronenschale, Wacholderbeeren,

Pfefferkörnern und Rotwein übergießen und darin zwei Tage liegenlassen. Den RÖMERTOPF vor Gebrauch 10 Minuten in kaltes Wasser legen, abtropfen, dann auf den Boden die Speckwürfel verteilen und die Zwiebel darüberschichten. Das Fleisch aus der Marinade nehmen und in den Topf legen. Die Marinade durch ein Sieb gießen und über das Fleisch füllen. Zum Schluß die Schwarzbrotrinden und die Gewürze daruntermischen und das Gericht in der geschlossenen Form im Ofen bei 240 Grad etwa 90 Minuten gar schmoren. Das Brot muß sich dabei ganz lösen. Erst zum Servieren Johannisbeergelee und Sahne daruntermischen. Dazu als Beilage Nudeln oder Spätzle, Preiselbeerkompott und Apfelmus.

Als Getränk: Ahrburgunder.

Für 4 Personen.

Vorbereitungsdauer: 8 Minuten.

Hasenpfeffer für Oberförster

750 g Hasenfleisch, mundgerecht geschnitten
4 Eßlöffel Essig
100 g Räucherspeck, gewürfelt
2 Zwiebeln, in Scheiben geschnitten
1/4 l Rotwein
1 Teelöffel Salz
1 Teelöffel grob gebrochener schwarzer Pfeffer
1 Lorbeerblatt
4 zerdrückte Wacholderbeeren
2 Gewürzgurken, gewürfelt
50 g Rote Bete (aus Konserven) grob gehackt

Das Hasenfleisch mit Essig beträufeln, 30 Minuten einziehen lassen, anschließend mehrmals mit kaltem Wasser übergießen und danach abtropfen. Mit den Speckwürfeln und den Zwiebelscheiben mischen und in einen vorbereiteten RÖMERTOPF füllen. Rotwein mit Salz, Pfeffer, Lorbeerblatt und Wacholderbeeren verrühren und über die Zutaten in die Form gießen. Gewürzgurken und Rote Bete obenauf verteilen und zusammen in der geschlossenen Form im Ofen bei 240 Grad etwa 90 Minuten gar schmoren.

Dazu grüne Bandnudeln.

Für 4 Personen.

Als Getränk: Helles oder dunkles Bier.

Vorbereitungsdauer: 20 Minuten.

Burgunder Klöße „Clos Vougeot“

500 g gemischtes Hackfleisch
1 Eßlöffel Zwiebelwürfel
1 Brötchen, eingeweicht, ausgedrückt
1 Ei
1 Teelöffel Salz
1/2 Teelöffel schwarzer Pfeffer, grob geschrotet
1/2 Teelöffel Thymian
1 Prise Salbei
1 Prise Majoran
1 mittlere Dose Champignons
1/4 l Burgunder Rotwein
1 Teelöffel Stärkemehl
1/8 l Sahne
1 Prise Paprikapulver
1/4 Teelöffel Salz und Pfeffer

Das Hackfleisch mit Zwiebelwürfeln, Brötchen, Ei und den Gewürzen kneten. Aus dieser Masse gleichgroße Klöße formen und in einen feucht vorbereiteten RÖMERTOPF legen. Die Champignons abtropfen und grob wiegen. Sie darüber verteilen und alles zusammen mit dem Burgunderwein übergießen. Die Form zudecken und die Klöße im Ofen bei 220 Grad etwa 45 Minuten garen. Sie dann in einer vorgewärmten Schüssel bereithalten. Die Sauce in eine Kasserolle umfüllen, zum Kochen bringen und mit kalt angerührtem Stärkemehl und mit der Sahne binden. Zum Schluß mit Paprikapulver, Salz und Pfeffer abschmecken und über die Klöße gießen.

Dazu: grüner Salat und Butterkartoffeln.

Getränk: Frankenwein oder helles Bier.

Für 4 Personen.

Vorbereitungsdauer: 15 Minuten.

Gefüllte Frikandellen „Kopenhagener Art“

750 g gemischtes Hackfleisch
1 Teelöffel Salz
1 Teelöffel weißer Pfeffer
1/2 Teelöffel Paprikapulver
1 Prise Pimentpulver
1 Prise Zimt oder Nelken
1 Prise Knoblauchpulver
3 Eßlöffel Semmelbrösel
2 geriebene Zwiebeln
4 hartgekochte Eier
6—8 geriebene Zwieback

Nasi-Goreng, Seite 102 →

Unter das Hackfleisch Salz, Pfeffer, Paprika-, Piment-, Zimt- oder Nelken- und Knoblauchpulver mischen. Wasser, Semmelbrösel und Zwiebelmus darunterkneten und den Fleischteig abschmecken. Ihn dann in vier gleiche Teile teilen und die Eier damit umhüllen. Sie dann in den Zwiebackbröseln wenden und nebeneinander in den feucht vorbereiteten RÖMERTOPF (Modell 113) legen. Den Deckel schließen und die gefüllten Eier-Frikandellen im Ofen bei 250 Grad etwa 85 Minuten garen.

Dazu: Selleriesalat und Petersiliensauce.

Als Getränk: Helles oder gemischtes Bier.

Für 4 Personen.

Vorbereitungsdauer: 8 Minuten.

Spanische Pastetentorte

1 Paket Tiefkühlblätterteig
550 g weiße Bohnen, aus Konserven
4 Tomaten
2 Zwiebeln, in Scheiben
1 Röhre gefüllte Oliven
1/2 Tasse Butter
1/2 Tasse feingewürfelter, gekochter Schinken
1/2 Tasse Zunge, in feinen Streifen
1 Teelöffel Paprikapulver
1 Teelöffel Majoran
1 Teelöffel Thymian
1/2 Teelöffel Salz
3 Eier
1/2 l Milch
1 Tasse grüne Erbsen

Den Blätterteig auftauen, dünn ausrollen und damit den Boden und die Wand eines vorbereiteten RÖMERTOPFES auslegen. Den Teig dick mit den vorgekochten Bohnen belegen. Die Tomaten in Würfel schneiden und mit Zwiebeln, den Oliven, den Schinkenwürfeln, den Zungenstreifen und der Butter in einer Kasserolle heiß werden lassen. Das Ganze mit Paprikapulver, Majoran, Thymian, Pfeffer und Salz würzen; dann die Masse als dicken Belag auf die Bohnen streichen. Die Eier mit der Milch verquirlen, die Erbsen dazugeben, alles mit Paprikapulver, Pfeffer und Salz würzen und ebenfalls in die Form gießen. Diese anschließend zudecken und im Ofen die Pastetentorte bei 240 Grad etwa 60 Minuten garen.

Dazu: Kopfsalat.

Als Getränk: Rotwein.

Für 6 Personen.

Vorbereitungsdauer: 15 Minuten.

Großes gefülltes Herz

1 Rinderherz (ca. 750 g)
je 1 Teel. Salz, weißen Pfeffer, Selleriesalz
1/2 Teelöffel Cayennepfeffer
je 2 rote, grüne und gelbe Paprikaschoten, in Streifen geschnitten
1/2 Salatgurke, gewürfelt
4 kleine, feste Tomaten, abgezogen, geachtelt
4 Eßlöffel Öl
1/2 l Bouillon
abgeriebene Zitronenschale
1/2 Lorbeerblatt
3 Wacholderbeeren
3 weiße, gebrochene Pfefferkörner

4 Eßlöffel mit kaltem Wasser angerührtes Mehl
6 Eßlöffel Tomatenketchup

Das Herz kalt abspülen, abtrocknen und mit den Gewürzen innen und außen einreiben. Es dann so zusammenbinden, daß eine Tasche entsteht und mit dem vorbereiteten Gemüse füllen und mit Holzspießen schließen. Einen RÖMERTOPF 10 Minuten vor Gebrauch in kaltes Wasser legen, dann das gefüllte Herz hineinlegen. Mit Öl beträufeln. Die Bouillon mit Zitronenschale, Lorbeerblatt, Wacholder und Pfefferkörnern darübergießen. In der geschlossenen Form im Ofen bei 240 Grad etwa 120 Minuten gar schmoren. 15 Minuten vor Ende der Garzeit den Deckel vom RÖMERTOPF nehmen, damit das Fleisch obenauf bräunen kann. Das Herz dann in einer vorgewärmten Schüssel anrichten und in dicke Scheiben schneiden. Den Bratensatz durch ein Sieb gießen, im RÖMERTOPF auf dem Herd mit dem angerührten Mehl binden, mit Ketchup abschmecken und die Sauce über das Herz gießen.

Dazu als Beilage: Bologneser Spaghetti.

Für 4 Personen.

Als Getränk: Bier.

Vorbereitungsdauer: 20 Minuten.

Skatabend-Auflauf

3 Scheiben Weißbrot, eingeweicht, ausgedrückt
1 1/2 Pfund Schweinehackfleisch
4 Eier
1 1/2 Teelöffel Salz
4 Teelöffel Senf
1 Eßlöffel Meerrettich
3 Eßlöffel gehackte Paprikaschote
3 Eßlöffel gehackte Zwiebeln
6 Eßlöffel Tomatenketchup

Das Brot mit dem Fleisch und den Eigelben mischen und die Masse mit Salz, 2 Teelöffeln Senf und Meerrettich abschmecken. Paprika-

schoten, Zwiebeln und Ketchup darunter-mischen und den Fleischteig in einen vorbereiteten RÖMERTOPF füllen. Die Form verschließen und die Pastete im Ofen bei 240 Grad etwa 90 Minuten backen. 10 Minuten vor Ende der Garzeit die Eiweiße zu steifem Schnee schlagen, mit dem übrigen Senf vermischen und den Schnee auf die Teigoberfläche streichen. In der offenen Form die Pastete überbacken, bis die Oberfläche goldbraun ist, und sie dann in der Form auskühlen lassen.

Dazu: Stangenweißbrot und Tomatensalat.

Als Getränk: Bier.

Für 6 Personen.

Vorbereitungsdauer: 10 Minuten.

Saure Nierle

500 g Schweinsnieren
2 gewürfelte Zwiebeln
4 Eßlöffel Mehl
2 Eßlöffel Öl
1/4 l Bouillon
3 Teelöffel Salz
2 Teelöffel feiner, weißer Pfeffer
2 Teelöffel Zucker
1 1/2 Eßlöffel Essig

Die Nieren der Länge nach aufschneiden, 4 Stunden in kaltes Wasser legen und Fett und Sehnen entfernen. In dünne Scheiben schneiden und diese mit Salz einreiben. Sie dann nochmals gründlich waschen. Den RÖMERTOPF 10 Minuten vor Gebrauch in kaltes Wasser legen, abtropfen. Zwiebeln, Öl und Mehl unter die Nierenscheiben mischen, in den RÖMERTOPF einfüllen und mit der Bouillon übergießen. Salz und Pfeffer zufügen und das Gericht in der geschlossenen Form im Ofen bei 240 Grad etwa 65 Minuten gar schmoren. Das Gericht mit Salz, Pfeffer, Zucker und Essig abschmecken.

Dazu: Halbseidene Kartoffelklöße und Essiggemüse.

Für 4 Personen.

Als Getränk: Helles Bier.

Vorbereitungsdauer: 12 Minuten.

Italienische Boulette

500 g gemischtes Hackfleisch aus Rind- und Schweinefleisch
1 Ei
2 Teelöffel Salz
1 Teelöffel feiner weißer Pfeffer
4 Teelöffel Paprikapulver
50 g Parmesankäse
2 Eßlöffel Mehl
100 g durchwachsener Bauchspeck
100 g Schweizer Käse
300 g Spinat
2 Möhren, gekocht
2 Eier, hartgekocht

Hackfleisch mit Ei, Salz, Pfeffer und Parmesankäse vermischen und auf einem mit Mehl bestäubten Holzbrett flach drücken. Je 50 g von dem Bauchspeck und Schweizer Käse in kleine Würfel schneiden und gleichmäßig über das Fleisch verteilen. Darüber den gedünsteten Spinat verteilen und die übrigen

50 g Bauchspeckscheiben und Käse darüber verteilen. Obenauf die Möhren und hartgekochten Eier legen und alles zusammen in das Fleisch einrollen. Die Fleischroulade in einen nach Vorschrift gewässerten RÖMERTOPF legen, die Oberfläche nochmals leicht mit Mehl bestäuben und den Braten in der geschlossenen Form im Ofen bei 240 Grad etwa 80 Minuten garen. Zum Servieren das Fleisch aus der Form stürzen und in dicke Scheiben aufschneiden.

Als Beilage dazu: Tomatenspaghetti.

Für 4 Personen.

Als Getränk: Chianti oder anderer Rotwein aus Italien.

Vorbereitungsdauer: 8 Minuten.

Aparte Fleischspieße

Je 150 g Schweine-, Rind- und Kalbfleisch
1 mittelgroße Dose Champignonköpfe
1 Maiskolben aus der Dose
je 1 rote und grüne Paprikaschote
2 mittelgroße Zwiebeln
4 kleine, feste Tomaten in dicken Scheiben oder geviertelt
1/2 Dose Mandarin-Orangen, abgetropft, kleingeschnitten
50 g durchwachsener Rauchspeck, in dünnen Scheiben
1 Banane, gepellt, in Scheiben geschnitten
einige blaue Weintrauben
1 Tasse Weißwein
knapp 1/8 l Öl
3 kleine Lorbeerblätter
1 Eßlöffel Worcestersauce
2 Knoblauchzehen, zerdrückt
1 Teelöffel Salz
1 Teelöffel weißer Pfeffer
4 Eßlöffel Sherry
1 Eßlöffel Sojasauce

Das Fleisch in gleichgroße Würfel schneiden und abwechselnd mit dem vorbereiteten Obst und Gemüse auf lange Metallspieße stecken. Aus den übrigen Zutaten eine pikante Marinade bereiten, die Spieße dann nebeneinander in eine Form legen, den Dekkel verschließen und bei 250 Grad 25 Minuten garen.

Dazu als Beilage: Körniger Reis mit Paprikastücken oder Maiskörner mit Kräuterbutter.

Getränk: Bier.

Für 4 Personen.

Vorbereitungsdauer: 10 Minuten.

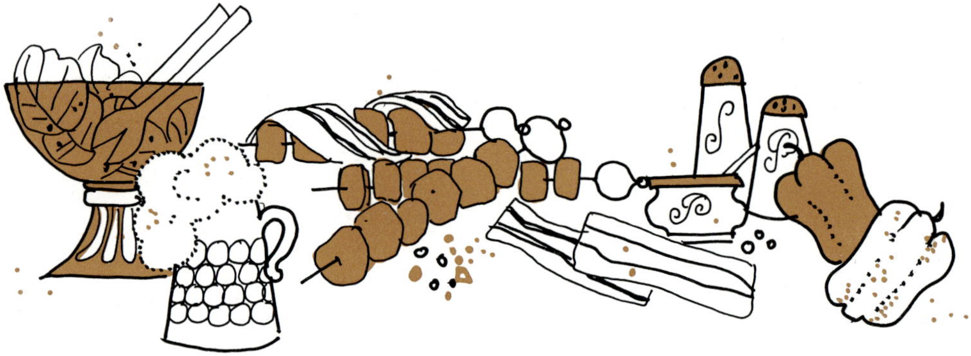

Kaukasische Fleischspieße

250 g Reis
1 Teelöffel Salz
3/4 l Wasser
150 g Paprikaschoten, in Streifen geschnitten
100 g Zwiebeln, in Ringe geschnitten
250 g Tomaten, abgezogen, in Viertel geschnitten
250 g Schweinefleisch, gewürfelt
250 g Rindfleisch, gewürfelt
150 g Kalbfleisch, gewürfelt
150 g Lammfleisch, gewürfelt
100 g Kalbsleber, gewürfelt
1 Teelöffel Majoran
1/2 Teelöffel Paprikapulver
1 Teelöffel Selleriesalz
100 g Räucherspeck, in Scheiben

Den Reis mit dem Salz in eine vorbereitete Tonform füllen, das Wasser darübergießen und obenauf Paprika, Zwiebeln und Tomaten legen. Die verschiedenen Fleischwürfel nebeneinander auf Spieße stecken, mit den Gewürzen einreiben und mit den Speckscheiben umwickeln. Die Spieße auf das Gemüse legen, die Form schließen und das Ganze im Ofen bei 220 Grad etwa 90 Minuten garen.

Dazu: grünen Salat.

Als Getränk: Bier.

Für 8 Personen.

Vorbereitungsdauer: 4 Minuten.

Holsteiner Wurstspieße

250 g Holsteiner Katenrauchschinken, in dünnen Scheiben
100 g Schalotten, gepellt
2 Brühwürstchen, in Scheiben geschnitten
4 kleine, feste Tomaten, geviertelt
3 Eßlöffel Öl
1 Teelöffel Paprikapulver
1/2 Teelöffel Salz
1/2 Teelöffel weißer Pfeffer

Die Schinkenscheiben aufrollen und abwechselnd mit den Schalotten, Wurstscheiben und Tomatenvierteln auf vier Metallspieße stecken. Öl mit Paprikapulver, Salz und Pfeffer verrühren, die Spieße damit einpinseln und nebeneinander in den vorbereiteten RÖMERTOPF legen. Die Spieße bei 240 Grad im Ofen in der geschlossenen Form rund 60 Minuten braten.

Dazu: Kartoffelsalat und Ketchup.

Für 4 Personen.

Als Getränk: Bier.

Vorbereitungsdauer: 3 Minuten.

Leber auf Spandauer Art

750 g Kalbsleber, enthäutet, in Scheiben
4 Eßlöffel Öl
75 g durchwachsener Speck, in Würfel geschnitten
4 Zwiebeln, in Ringe geschnitten
2 säuerliche Äpfel, in Scheiben
1/4 l Bouillon
2 Eßlöffel Tomatenmark
1 Prise Paprikapulver
1 Teelöffel Salz
1/2 Teelöffel weißer Pfeffer

Die Leber in einer Pfanne kurz von beiden Seiten mit dem Fett anbraten. Zuerst die Speckwürfel, dann die Leber in einen vorbereiteten RÖMERTOPF legen. Obenauf Zwiebelringe und Apfelscheiben verteilen. Unter die Bouillon Tomatenmark, Paprikapulver, Salz und Pfeffer rühren und zusammen unter die Zutaten in den RÖMERTOPF gießen. Die Form zudecken und das Ganze im Ofen bei 200 Grad etwa 90 Minuten gar schmoren. Die Leber im RÖMERTOPF servieren.

Dazu: Kartoffelbrei und grüner Salat.

Als Getränk: Helles Bier.

Für 4 Personen.

Vorbereitungsdauer: 5 Minuten.

Malayische Leberspitzen

250 g Schweinsleber, in dicke Würfel geschnitten
4 Walnüsse, gehackt
3 Eßlöffel gehackte Zwiebeln
1/2 Teelöffel Knoblauchpulver
2 Teelöffel Sojasauce
1/2 Teelöffel Sambal Oelek (fertige Gewürzpaste, im Handel)
1 Messerspitze feiner Zimt
1 Teelöffel Salz
1/2 Teelöffel Zucker
3 Eßlöffel Öl
1/2 Eßlöffel Sherry

Zwiebeln mit dem Knoblauchpulver, Sojasauce, Sambal Oelek, Zimt, Salz, Zucker und Öl verrühren. Die Leberwürfel daruntermischen und die Walnußkerne zufügen. Zum Schluß den Sherry darunterrühren und alles zusammen in eine vorbereitete Tonform füllen und im Ofen bei 250 Grad etwa 45 Minuten schmoren.

Dazu: Reis und Chicoréesalat.

Für 4 Personen.

Als Getränk: Bier.

Vorbereitungsdauer: 3 Minuten.

Zitronenfleisch „Ulrike“

1 kg Schweinefleisch aus der Schulter
1 Teelöffel Salz
1/2 Teelöffel Glutamat
1 Teelöffel weißer Pfeffer
2 Eßlöffel Sojasoße
1 Prise Thymian
1/4 Teelöffel Majoran
abgeriebene Schale einer halben Zitrone
Saft einer halben Zitrone
1 Eßlöffel Butter
1/8 l Bouillon
4 Eßlöffel gehackte Petersilie
1/2 Eßlöffel feingehackte Zitronenmelisse

Das Schweinefleisch in schmale Streifen schneiden und in einer Schüssel in einem Gewürzsud aus Salz, Glutamat, Pfeffer, Sojasoße, Thymian, Majoran, Zitronenschale und -saft mischen und 10 Minuten durchziehen lassen. In dieser Zeit einen RÖMERTOPF wässern. Die Fleischmischung hineinfüllen. Butterflocken obenauf verteilen und die Bouillon dazugießen. Das Gericht in der geschlossenen Form im Ofen bei 220 Grad 75—90 Minuten schmoren lassen. Zum Servieren das Fleisch mit den gehackten Kräutern bestreuen.

Dazu: Reis oder Kartoffelbrei, Bohnensalat.

Als Getränk: Rheinhessenwein.

Für 4 Personen.

Vorbereitungsdauer: 15 Minuten.

Italienische Ofennudeln

300 g grüne Bandnudeln
1/2 Teelöffel Salz
50 g Butter
250 g Kalbfleisch
50 g Speck, gewürfelt
1 Zwiebel, gehackt
1/2 Teelöffel Mehl
1 Glas Weißwein
1 Tasse Brühe
1 Möhre, geraffelt
1 Stück Sellerie, geraffelt
1 Eßlöffel Tomatenmark
1 Bund Petersilie, gehackt
150 g Käse, gerieben

Unter die gekochten, noch warmen Nudeln Salz und Butter mischen. Einen RÖMERTOPF 10 Minuten vor Gebrauch in warmes Wasser legen, dann abtropfen lassen und die Nudeln einfüllen. Das Fleisch in kleine Würfel schneiden. Den Speck in einer Pfanne ausbraten, das Fleisch darin rundherum bei starker Hitze anbräunen, die Zwiebeln zufügen und mit anrösten. Das Mehl darüberstäuben, mit anschwitzen und mit Weißwein und Bouillon löschen. Gemüse, Tomatenmark und Petersilie darunterrühren, die Masse mit Salz, Pfeffer und Paprika abschmecken und auf die Nudeln füllen. Mit einer dicken Käseschicht bedecken und in der geschlossenen Form im Ofen bei 250 Grad etwa 45 Minuten backen.

Dazu: Kopfsalat.

Als Getränk: Chianti.

Für 4 Personen.

Vorbereitungsdauer: 15 Minuten.

Nasi-Goreng (Indonesischer Topf)

400 g Reis
½ l Bouillon
1 Eßlöffel Currypulver
4 Eßlöffel Erdnußöl
1 kleines Huhn, ohne Haut und Knochen
200 g Kalbfleisch, in kleine Würfel
200 g Krabbenfleisch
1 kleine Dose Bambussprossen, in Streifen geschnitten
6 Schalotten, gehackt
1 Knoblauchzehe, zerdrückt
2 rote Paprikaschoten, in Streifen geschnitten
1 Teelöffel Salz
1 Prise Zucker
1 Eßlöffel Sojasauce
einige Spritzer Tabasco
½ Teelöffel feiner weißer Pfeffer

Den Reis mit der Bouillon, Currypulver, Erdnußöl, in Stücke geschnittenem Hühnerfleisch und Kalbfleischwürfeln in eine Tonform füllen. Die Form verschließen und im Ofen 40 Minuten bei 220 Grad backen. Anschließend die übrigen Zutaten unter den Reis mischen und das Ganze nochmals etwa 20 Minuten in der geschlossenen Form im Ofen bei 220 Grad garen.

Dazu als Beilagen gebackene Bananen, Tomaten und Gurkenscheiben, geröstete Erdnußkerne, Apfelscheiben, Ananasstückchen, gehackte hartgekochte Eier, Tomatenketchup und Chilisauce.

Für 4 Personen.

Getränk: Bier.

Vorbereitungsdauer: 10 Minuten.

Schinkenbananen auf Curryreis

1 Eßlöffel Öl
2 Tassen Reis
1 Teelöffel Currypulver
½ Teelöffel Salz
2 Tassen Bouillon
4 Scheiben gekochter Schinken ohne Fettrand
½ Teelöffel Nelkenpulver
1 Prise Zimt
2 Teelöffel Zuckersirup von Senffrüchten (Fertigprodukt)
4 Bananen
1 Ei
1 Teelöffel Paprikapulver
50 g Butterflöckchen

Einen RÖMERTOPF 10 Minuten in kaltes Wasser legen. In der Zeit Öl mit Reis vermischen, Currypulver und Salz darunterrühren und zusammen in den vorbereiteten RÖMERTOPF füllen. Die Bouillon dazugießen und den Reis in der geschlossenen Form im Ofen bei 220 Grad etwa 50 Minuten garen. Die Schinkenscheiben nebeneinanderlegen, die Innenseiten mit Nelkenpulver, Zimt und dem Zuckersirup bepinseln und die gepellten Bananen in die Schinkenscheiben einrollen. Diese 15 Minuten vor Ende der Garzeit auf den Reis legen, verquirltes Ei mit Paprikapulver verrühren, die Schinkenrollen damit bestreichen und obenauf Butterflöckchen verteilen. Das Ganze in der geschlossenen Form fertig garen.

Dazu: Mangochutney und Ketchup.

Als Getränk: Bier.

Für 4 Personen.

Vorbereitungsdauer: 15 Minuten.

Sizilianischer Wursttopfimbiß

50 g Rauchspeckwürfel
200 g Zwiebelscheiben
6 Eßlöffel Öl
4 Paar Cabanossi-Würste, in Scheiben
600 g Tomaten, abgezogen, geviertelt
2 grüne Paprikaschoten, in Streifen geschnitten
200 g Reis
1/2 l Bouillon
1/2 Teelöffel Salz
1 Prise Thymian
1 1/2 Teelöffel weißer Pfeffer
1 Teelöffel Oregano
1/2 Knoblauchzehe, zerdrückt
100 g geriebener Parmesankäse

Speckwürfel und Zwiebelscheiben in einer Pfanne in heißem Öl goldgelb rösten, die Wurstscheiben daruntermischen und zusammen mit den Tomaten, Paprikaschoten und Reis in eine vorbereitete Tonform füllen. Die Bouillon darübergießen. Alle Gewürze miteinander mischen und dazugeben. Das Gericht in der geschlossenen Form im Ofen bei 250 Grad etwa 75 Minuten garen. Zwischendurch kontrollieren, ob genügend Flüssigkeit vorhanden und evtl. Bouillon nachgießen. Anschließend mit Käse bestreuen und 10 Minuten in der offenen Form überkrusten lassen.

Dazu: Kartoffelsalat oder Bratkartoffeln.

Als Getränk: Bier.

Für 4 Personen.

Vorbereitungsdauer: 18 Minuten.

Nudel-Schinken-Auflauf

250 g gekochte Band-Nudeln
60 g Butter
500 g Tomaten, überbrüht, abgezogen
150 g Schinkenspeck, gewürfelt
1 Zwiebel, gehackt
1 Teelöffel weißer Pfeffer
1/2 Teelöffel Salz
3 Eier
1/4 l Milch
1 Teelöffel Selleriesalz
1/2 Teelöffel Pfeffer
1 Prise Muskatnußpulver
3 Eßlöffel Semmelbrösel
60 g Butterflocken

Unter die noch warmen gekochten Nudeln die Butter mischen. Dann einen RÖMERTOPF 10 Minuten in kaltes Wasser legen. In der Zeit die Tomaten in Scheiben schneiden und mit Speckwürfeln, der Zwiebel, Pfeffer und Salz mischen. In den RÖMERTOPF lagenweise Nudeln und die Tomatenmasse einfüllen. Die Eier mit Milch, Selleriesalz, Pfeffer und Muskatnuß verquirlen, über die Zutaten im RÖMERTOPF gießen und obenauf mit Semmelbrösel bestreuen. Butterflöckchen verteilen und das Ganze im Ofen bei 220 Grad etwa 60 Minuten backen.

Dazu: Rapunzelsalat.

Als Getränk: Rotwein.

Für 4 Personen.

Vorbereitungsdauer: 8 Minuten.

Zarte Gemüse brauchen eine zarte Hand

Daß Gemüse im RÖMERTOPF vitaminschonend zubereitet werden kann, versteht sich von selbst. Gehen Sie also auch schon bei der Vorbereitung zart und behutsam damit um. Nie zu kleine Teile, nie zu lange stehenlassen und nach dem Zerkleinern nicht mehr mit Wasser in Berührung bringen.

Paprikaschoten Robert Kögel

8 grüne Paprikaschoten
8 Scheiben rindenloses Weißbrot
4 Eier
1/2 Tasse saure Sahne
1 Teelöffel Fleischextrakt
2 feine rohe Bratwürste
8 Eßlöffel gewiegte Petersilie
4 Teelöffel Weinbrand
Zur Sauce:
1 Tasse saure Sahne
4 Eßlöffel Buttermilch
2 Teelöffel Fleischextrakt
2 Eßlöffel Tomaten-Ketchup
einige Spritzer Worcestershiresauce
2 hartgekochte Eier
2 Tomaten
1 Zitrone

Die Paprikaschoten ganz frisch kaufen, so daß sie noch knackig fest sind. Am Stiel kreisrund einschneiden und den Stiel samt den anhängenden Kernen herausziehen. Mit reichlich kaltem Wasser ausspülen. Das Brot in Würfel schneiden und so viel heißes Wasser darübergießen, wie das Brot aufnimmt. Die rohen Eier, die Sahne, den Fleischextrakt, die ausgedrückten Bratwürste, die Petersilie und den Weinbrand einrühren und die gut vermischte Masse in die Paprikaschoten einfüllen. Die Schoten mit der Öffnung nach unten in einen vorbereiteten RÖMERTOPF setzen und gerade so viel Wasser zugeben, daß der Boden bedeckt ist. Im bedeckten Topf 25 Minuten gar dämpfen, dann auskühlen lassen. Die Sahne mit der Buttermilch, dem Fleischextrakt, dem Ketchup und der Worcestershiresauce verrühren und die hartgekochten, gewiegten Eier dazugeben. Diese Sauce in eine Schale gießen und die gekühlten, der Länge nach halbierten Paprikaschoten mit der Füllungsseite nach unten darauflegen. Mit Tomatenvierteln und Zitronenrädern garnieren.

Dazu: Reis.

Als Getränk: Pfälzer Weißwein.

Für 4 Personen.

Vorbereitungsdauer: 20 Minuten.

Gefüllte Courgettes mit Mailänder Sauce

4 Courgettes der mittleren Größe
1/2 Teelöffel Salz
1 Teelöffel Paprikapulver
2 feine rohe Bratwürste
100 g feine Leberwur
4 Eßlöffel Öl
2 Eßlöffel Essig
2 Eßlöffel Tomatenketchup
1 Eßlöffel Rotwein
1 Teelöffel gewiegte Petersilie
1 Teelöffel gewiegtes Basilikum
1 Teelöffel gewiegtes Oregano

Die Courgettes in der Mitte der Länge nach halbieren. Mit einem Apfelkernstecher oder einem spitzen langen Küchenmesser die weiche Mitte entfernen. Die „Schiffchen" innen mit einer Mischung aus Salz und Paprika würzen. Bratwürste in eine Schüssel drücken, die Leberwurst mit einem Holzlöffel in die Bratwurstmasse einrühren und mit der Masse die ausgehöhlten Courgettes füllen. Die Hälften wieder zusammensetzen und mit einem dünnen Zwirnsfaden oder einem Holzspießchen zusammenbinden oder -stecken. Von beiden Seiten je 2 Minuten in der Ölpfanne braten. Das Bratöl in einen vorbereiteten RÖMERTOPF gießen und mit den anderen Zutaten, von Essig bis Oregano, vermischen. Die Courgettes hineingeben, die Schüssel bedecken und 5 Stunden gekühlt marinieren lassen. Die Courgettes können nach dem Entfernen des Fadens oder der Spießchen in dicke Scheiben geschnitten werden. Danach den RÖMERTOPF in den Herd geben und die Courgettes 15 Minuten durchgaren lassen. Abkühlen lassen.

Dazu: Weißbrot.

Als Getränk: Badischer Weißwein.

Für 4 Personen.

Vorbereitungsdauer: 15 Minuten.

Lyoner Auberginen

4 Auberginen
4 Eßlöffel Öl
4 mittelgroße Zwiebeln
4 Eßlöffel gewiegter roher Schinken
1/2 Teelöffel Paprikapulver
1/2 Teelöffel Knoblauchsalz
50 g Butter
2 Eßlöffel Tomaten-Ketchup
4 Eßlöffel Sahne
4 Eßlöffel geriebener Käse

Die Auberginen mit Öl bestreichen und auf einem Gitterrost im heißen Herd 10 Minuten backen lassen, bis sich die Haut zu runzeln beginnt. Herausnehmen und die Haut so abziehen, daß sie ihre natürliche Form behält. Das Fruchtfleisch grob hacken. Die Zwiebeln würfeln und in einer Pfanne hellbraun werden lassen. Alle anderen Zutaten, von Schinken bis Sahne und das Auberginen-Fleisch, zufügen und die Masse in die leeren Schalen füllen. Die Oberflächen glätten, mit geriebenem Käse bestreuen und im RÖMERTOPF bei 200 Grad überkrusten lassen. Das Gericht wird zimmerwarm serviert.

Dazu: Reis mit gehacktem Kochschinken vermischt.

Als Getränk: Beaujolais.

Für 4 Personen.

Vorbereitungsdauer: 12 Minuten.

Überbackene Lauchrouladen

4 große Stangen Lauch (Porree)
8 Scheiben Räucherschinkenspeck (Bacon)
1/4 l Bouillon
1/8 l Milch
4 Ecken Schmelzkäse
1/2 Teelöffel Salz
1 Teelöffel Paprikapulver
4 Eßlöffel Semmelbrösel
60 g Butter

Von dem Lauch die welken Blätter und die Wurzeln abschneiden. Unter fließendem Wasser sehr gründlich den Sand ausspülen. Die Stangen dann halbieren und mit den Schinkenscheiben umwickeln. Die Stangen so in vorbereiteten RÖMERTOPF legen. Bouillon, Milch und Käse in einer Schale rühren. Mit Salz und Paprika abschmecken und über die Lauchstangen gießen. Obenauf Semmelbrösel streuen und Butterflocken verteilen. Alles zusammen im Ofen in der geschlossenen Form bei 220 Grad etwa 60 Minuten garen.

Dazu: Kartoffelbrei.

Als Getränk: Bier.

Für 4 Personen.

Vorbereitungsdauer: 8 Minuten.

Polnischer Sauerkrauttopf

4 Zwiebeln
4 Eßlöffel Schmalz
500 g Sauerkraut
5 Tomaten
1/4 l Bouillon
4 polnische Würste, in Scheiben
1 Teelöffel Salz
1/2 Teelöffel weißer Pfeffer
1 Prise Zucker
1 Becher Joghurt

Die Zwiebeln pellen und in Viertel schneiden. In einen vorbereiteten RÖMERTOPF zuerst die Zwiebeln füllen. Sauerkraut mit zwei Gabeln zerzupfen und darüber das Schmalz verteilen. Obenauf die Tomaten in dicken Scheiben legen und darüber die Bouillon gießen. Zum Schluß die Wurstscheiben darauflegen. Den Sauerkrauttopf im Ofen bei 250 Grad etwa 75 Minuten schmoren. Zum Servieren alle Zutaten miteinander vermischen und mit Salz, Pfeffer und Zucker abschmecken. Dann Joghurt darüberflocken.

Dazu: Salzkartoffeln oder Kartoffelbrei.

Als Getränk: Frankenwein.

Für 4 Personen.

Vorbereitungsdauer: 8 Minuten.

Gefüllte Rote Bete

4 große Knollen Rote Bete
2 Bananen, geschält, gewürfelt
Saft einer Zitrone

2 Teelöffel geriebener Meerrettich
½ Teelöffel Salz
1 Teelöffel Zucker
200 g kaltes Bratenfleisch, in Streifen geschnitten
150 g Zwiebelringe

Die Roten Bete mit der Bürste und viel kaltem Wasser reinigen, 20 Minuten kochen, dann schälen und mit einem Teelöffel aushöhlen. Das ausgehöhlte Fruchtfleisch kleinhacken und mit den Bananenwürfeln mischen. Sofort mit dem Zitronensaft beträufeln. Dann Meerrettich, Salz und Zucker darunterrühren und die Masse abschmecken. Anschließend das Bratenfleisch zufügen und alles zusammen in die ausgehöhlten Roten Bete füllen. Diese in den vorbereiteten RÖMERTOPF legen, mit Zwiebelringen belegen und so rund 40 Minuten in der geschlossenen Form bei 220 Grad backen.

Dazu: Gebackene Kartöffelchen.

Als Getränk: Moselwein.

Für 4 Personen.

Vorbereitungsdauer: 10 Minuten.

Gefüllte Paprikaschoten „Piroschka“

4 große rote Tomaten-Paprikaschoten
750 g grüne Bohnen (Tiefkühl)
2 Zwiebeln, feingehackt
1 Teelöffel getrocknetes Bohnenkraut
1/4 Teelöffel Thymian
1 Prise Majoran
1 Teelöffel weißer Pfeffer
1 Teelöffel Salz
250 g gekochter Schinken, gewürfelt
1/4 l Tomatensauce
75 g geriebener Käse

Von den Paprikaschoten am Stielende einen Deckel abschneiden, die Kerne herauslösen und die Schoten 10 Minuten im siedenden Wasser ziehen, dann abtropfen lassen. Die Bohnen auftauen und mit Zwiebeln, Bohnenkraut, Thymian, Majoran, Pfeffer, Salz und Schinken mischen. Das in die Paprikaschoten füllen. Die Schoten in den vorbereiteten RÖMERTOPF setzen, die Tomatensauce drumherum füllen. Mit geriebenem Käse bestreuen. Das Gericht im Ofen bei 220 Grad etwa 60 Minuten garen.

Dazu: Bratkartoffeln.

Als Getränk: Bier oder Frankenwein.

Für 4 Personen.

Vorbereitungsdauer: 10 Minuten.

Überbackene Auberginen

4 Auberginen
4 Eßlöffel Öl
125 g Hammelfleisch
2 Zwiebeln
2 Eier
1 Teelöffel Salz
1/2 Teelöffel Pfeffer
1 Teelöffel Paprikapulver
2 Tomaten
1/2 Tasse geriebener Hartkäse
2 Eßlöffel Butter

Die Auberginen waschen und der Länge nach durchschneiden. Das Fruchtfleisch innen mit Öl bestreichen und die Auberginenhälften auf dem Ofenrost etwa 20 Minuten backen. Dann löst sich die Schale leicht vom Fleisch. Das Fruchtfleisch aus den Auberginenhälften herauslösen. Das Hammelfleisch und die Zwiebeln fein wiegen. Das Auberginen- und Hammelfleisch mit den gehackten Zwiebeln, den Eiern, dem Salz, dem Pfeffer und dem Paprikapulver zu einer Füllung vermischen. Hiermit die Auberginenhälften füllen. Nebeneinander in den feuchtgemachten RÖMERTOPF legen. Die Tomaten in Scheiben schneiden. Die gefüllten Auberginen mit den Tomatenscheiben, dem geriebenen Käse und Butterflocken bedekken. Deckel aufsetzen und bei 220 Grad etwa 30 Minuten lang backen.

Dazu: Tomatensalat, Bohnensalat, Kartoffelbrei.

Als Getränk: französischer Rotwein.

Für 4—6 Personen.

Vorbereitungszeit: 20 Minuten.

Bayerisches Zwiebelgemüse

750 g Zwiebelscheiben
1 Rettich, in Scheiben geschnitten
200 g Kartoffelscheiben
1 Teelöffel Salz
1 Teelöffel Kümmel
1/2 Teelöffel feiner weißer Pfeffer
1/2 Teelöffel Currypulver
1/8 l Bouillon
1/8 l Sahne
1 Eßlöffel gehackter Schnittlauch
20 g Butter

Zwiebeln, Rettich und Kartoffelscheiben in einer Schüssel mit Salz, Kümmel, Pfeffer und Currypulver mischen. Dann in den vorbereiteten RÖMERTOPF füllen und mit Bouillon und Sahne übergießen. Die Form zudecken und das Gemüse im Ofen bei 250 Grad etwa 60 Minuten garen. Schnittlauch mit zerlassener Butter mischen und zum Servieren über das Ganze verteilen.

Dazu: Stangenweißbrot, Kopfsalat und Hackbraten.

Für 4 Personen.

Als Getränk: Bier.

Vorbereitungsdauer: 8 Minuten.

Curry-Kohl und Schinken

1 Kopf Weißkohl
1 säuerlicher Apfel
1 Zwiebel
80 g Öl
Saft einer Zitrone
1 Teelöffel Currypulver
1 Teelöffel Salz
1 1/2 Teelöffel feiner weißer Pfeffer
1/4 l Bouillon
375 g gekochter Schinken, in Würfel geschnitten

Den Kohl putzen, waschen und in feine Streifen schneiden. Den Apfel grob raffeln und die Zwiebel in Ringe schneiden. Alles zusammen unter den Kohl mischen. Dann in einen vorbereiteten RÖMERTOPF füllen und das Öl darüberträufeln. Zitronensaft mit Currypulver, Salz und Pfeffer verrühren, unter die Bouillon mischen und zusammen über den Kohl gießen. Das Ganze in der geschlossenen Form im Ofen bei 240 Grad etwa 80 Minuten schmoren. Zum Servieren mit den Schinkenwürfeln bestreuen, die im Gericht erwärmt werden sollen.

Dazu: Salz- oder Petersilienkartoffeln.

Als Getränk: Bier oder Frankenwein.

Für 4 Personen.

Vorbereitungsdauer: 10 Minuten.

Bayerisches Gemüsegulasch

5 Eßlöffel Öl
150 g Zwiebelringe
500 g säuerliche Äpfel, geschält, entkernt, gewürfelt
500 g Salatgurke, geschält, in Streifen geschnitten
500 g Tomaten, abgezogen, geviertelt

2 Eßlöffel Sojasoße
1 Teelöffel Glutamat
4 Eßlöffel Sherry
2 Eßlöffel gehackte Küchenkräuter
2 Teelöffel Salz
1 Teelöffel weißer Pfeffer
1/8 l Bouillon

In eine vorbereitete Tonform zuerst lagenweise Zwiebelringe, Äpfel, Gurke und Tomaten schichten und dann Öl, Sojasoße mit Glutamat, Sherry, gehackten Kräutern, Salz und Pfeffer verrühren und darübergießen. Zum Schluß mit der Bouillon auffüllen und das Gericht in der geschlossenen Form im Ofen bei 220 Grad etwa 55 Minuten gar schmoren.

Dazu: Nudeln oder Reis und gebratenes Fischfilet.

Als Getränk: Moselwein oder Pfälzer Weißwein.

Für 4 Personen.

Vorbereitungsdauer: 10 Minuten.

Moderne Kohlrouladen

1 Weißkohl
500 g gemischtes Hackfleisch
1 Ei
1 Brötchen, eingeweicht, ausgedrückt
1 Zwiebel, gewürfelt
1 Teelöffel Salz
1 Teelöffel weißer Pfeffer
1 Eßlöffel Tomatenketchup
1/4 Teelöffel Kümmel
4 dünne Scheiben Rauchspeck
1/2 l Bouillon
1 Tüte Bratensoße
1/8 l saure Sahne

Von dem Kohlkopf die äußeren Blätter ablösen und den Strunk mehrmals einschneiden. Den Kohl im siedenden Salzwasser 15 Minuten liegen lassen. Die äußeren Blätter ablösen. Für jede Roulade ein großes Deckblatt und zwei bis drei kleinere zum Einrollen. Dabei die dicksten Rippen heraus-

Polnischer Sauerkrauttopf, Seite 108 →

schneiden. Unter das Hackfleisch Ei, Brötchen, Zwiebel und die Gewürze mischen und zu einem pikanten Fleischteig abschmecken. Die Masse auf die ineinander gelegten Kohlblätter verteilen, zusammenrollen und mit Rouladenspießchen oder Fäden zusammenhalten. In einen vorbereiteten RÖMERTOPF die Speckscheiben nebeneinanderlegen, darauf die Rouladen und mit Bouillon übergießen. Die Rouladen in der geschlossenen Form im Ofen bei 220 Grad etwa 55 Minuten garen. Sie anschließend auf einer vorgewärmten Platte warm stellen. Die Flüssigkeit in eine Kasserolle umfüllen, mit dem Bratensoßenpulver aufkochen und mit der Sahne verfeinern. Zum Servieren die Sauce über die Rouladen füllen.

Dazu: Petersilienkartoffeln.

Für 4 Personen.

Als Getränk: Frankenwein.

Vorbereitungsdauer: 25 Minuten

Schwarzwurzeln mit Kalbfleisch

500 g Kalbfleischwürfel
1 Teelöffel Salz
1 Prise Knoblauchpulver
1 Prise Glutamat
2 Teelöffel Paprikapulver
$^1/_4$ l saure Sahne
$^1/_8$ l Bouillon
1 Eßlöffel Stärkemehl
1 kg Schwarzwurzeln, geputzt, in Stücke geschnitten oder aus der Tiefkühltruhe

Die Kalbfleischwürfel in einem vorbereiteten RÖMERTOPF mit Salz, Knoblauchpulver Glutamat und Paprika 5 Minuten braten. Dabei mehrfach wenden. Saure Sahne mit Bouillon und Stärkemehl glattrühren, über das Fleisch gießen und zum Schluß die Schwarzwurzelstücke zufügen. Alles zusammen in der geschlossenen Form im Ofen bei 240 Grad etwa 90 Minuten gar schmoren. Zum Servieren alle Zutaten miteinander

mischen und im Reisrand anrichten. Hierzu körniggekochten Reis in eine kalt ausgespülte Form fest eindrücken und auf eine Platte stürzen. Sollte der Reis nicht gleich herauskommen, klopfen Sie mit einem Löffelstiel auf den Rücken der Form.

Dazu: Tomatensalat.

Für 4 Personen.

Als Getränk: Rheinhessenwein.

Vorbereitungsdauer: 10 Minuten.

Schwetzinger Eierstich

1-kg-Dose Stangenspargel
1 Teelöffel Selleriesalz
6 Eier
1 Teelöffel Salz
1/2 Teelöffel weißer feiner Pfeffer
1/4 Teelöffel Paprikapulver
ggf. 1 Bund Schnittlauch, kleingeschnitten
40 g Butter
2 kleine feste Tomaten
1 Büschel Petersilie

Einen Römertopf vor Gebrauch 10 Minuten in kaltes Wasser legen, dann abtropfen lassen. Die abgetropften Spargelstangen dicht nebeneinander in den Römertopf legen und obenauf mit Selleriesalz bestreuen. Die Eigelbe mit etwas Wasser, Salz, Pfeffer und Paprikapulver mit einem Schneebesen verrühren, Eiweiß zu steifem Schnee schlagen und locker unter die Eigelbmasse heben, das Ganze noch einmal abschmecken, dann evtl. mit dem Schnittlauch verrühren und in die Form gießen. Obenauf einige Butterflöckchen. Anschließend im Ofen bei 200 Grad etwa 60 Minuten garen. Zum Servieren aus der Form stürzen. Mit Tomatenschnitzen und Petersilie garnieren.

Dazu: Bratkartoffeln.

Als Getränk: Badischer Weißherbst.

Für 4 Personen.

Vorbereitungsdauer: 8 Minuten.

Weißkohl China-Art

1,5 kg Weißkohl, kleingeschnitten, überbrüht
1 große Zwiebel, gewürfelt
20 g Mehl, kalt angerührt
1 Glas eingelegte grüne Tomaten (ca. 400 g)
2 Eßlöffel Ingwersaft
2 Teelöffel Worcestersauce
1 Eßlöffel Sojasauce
3/4 Teelöffel Salz
1/2 Teelöffel Zucker
1/4 Teelöffel Pfeffer
3 Scheiben Toastbrot, geröstet, in Würfel geschnitten
6 Eßlöffel geriebener Käse
50 g Butter

Einen feucht vorbereiteten Römertopf mit Weißkohlfäden und Zwiebelwürfeln füllen. Das Mehl darübergießen. Die Tomaten in feine Streifen schneiden, mit der Flüssigkeit, Ingwersaft, Worcestersauce, Sojasauce, Salz, Zucker und Pfeffer gleichmäßig über das Ganze verteilen. Zum Schluß über alles die gerösteten Weißbrotwürfel und den Käse streuen. Mit Butterflöckchen besetzen. Die Form verschließen und im Ofen bei 240 Grad etwa 90 Minuten garen.

Dazu: Kopfsalat, Reis.

Für 6 Personen.

Als Getränk: Bier.

Vorbereitungsdauer: 15 Minuten.

Gefüllter Kohlauflauf

1 kg Grünkohl (Tiefkühl)
2 Zwiebeln
200 g durchwachsener Speck, gewürfelt
2 Eier
250 g gemischtes Hackfleisch (Schwein und Rind)
200 g Beefsteakhack
1 Brötchen
1 Zwiebel, feingewürfelt
2 Eßlöffel Semmelmehl
1 Eßlöffel Wasser
1 Eßlöffel Tomatenmark
2 Eier
je 1 Teelöffel Salz und Pfeffer
1/2 Teelöffel Paprika

Grünkohl auftauen und auf einem Sieb abtropfen lassen. Zwiebeln und Speckwürfel im feuchten RÖMERTOPF andünsten, den Kohl zufügen und mit 1/2 Tasse Gemüsebrühe oder Wasser 5 Minuten dünsten. Dann Eier unter den Kohl mischen. Hackfleisch und Beefsteakhack mit einer feingehackten Zwiebel, einem eingeweichten und ausgedrückten Brötchen, Salz, Pfeffer und Paprika sowie zwei Eiern miteinander vermischen. In den RÖMERTOPF abwechselnd lageweise Kohl und Hackfleisch einfüllen. Butterflocken obenauf. Die Form verschließen und im Ofen bei 240 Grad etwa 80 Minuten garen.

Dazu: Tomatensauce und Kartoffelbällchen.

Als Getränk: Bier.

Für 4 Personen.

Vorbereitungsdauer: 10 Minuten.

Ratatouille mit Fleischbällchen, Seite 118 →

Chicorée im Schinkenmantel

2 Stauden Chicorée
2 Eßlöffel Butter
1 Teelöffel Salz
Saft einer Zitrone
8 Scheiben gekochter Schinken
40 g Fett
40 g Mehl
1/4 l Bouillon
1/4 l saure Sahne
1 Teelöffel weißer Pfeffer
1 Ecke Schmelzkäse
1 Eigelb

Von den Chicoréestauden die äußeren Blätter lösen, den bitteren Kern herausschneiden und in leicht gesalzenem lauwarmem Wasser 1 Minute liegenlassen. Butter, Salz, Zitronensaft und etwas Wasser in einer Kasserolle erhitzen und darin die Chicoréestauden 10 Minuten andünsten. Dann abtropfen lassen, mit den Schinkenscheiben umwickeln und beiseite stellen. Aus Fett, Mehl, Bouillon, saurer Sahne, Pfeffer und Schmelzkäse eine helle Mehlschwitze bereiten. Die Sauce mit dem Eigelb legieren und in einen vorbereiteten RÖMERTOPF gießen. Die Chicorée obenauf legen, zudecken und im Ofen bei 200 Grad 20 Minuten garen.

Dazu: Kartoffelbrei.

Für 4 Personen.

Als Getränk: Rheinhessenwein.

Vorbereitungsdauer: 18 Minuten.

Ratatouille mit Fleischbällchen

2 mittelgroße Zwiebeln, gepellt, in Scheiben geschnitten
je 1 kleine rote, grüne und gelbe Paprikaschote, in Streifen geschnitten
2 Tomaten, geviertelt
2 Zucchini, in Scheiben geschnitten
1 Aubergine, halbiert, in Scheiben geschnitten
2 Möhren, gestiftelt
1/4 Knolle Sellerie, kleingewürfelt
1 Stange Lauch, in Scheiben geschnitten
1 Knoblauchzehe, zerdrückt
1/4 l Bouillon
je 1 Prise Majoran und Thymian oder Basilikum
1 Teelöffel Salz
1 Teelöffel schwarzer Pfeffer
100 g Thüringer Bratwurstmett
150 g gemischtes Hackfleisch
1/2 Teelöffel gerebelter Majoran
1 Teelöffel schwarzer Pfeffer, grob geschrotet
1/2 Teelöffel Salz
1 Ei
2 Eßlöffel Semmelbrösel
1 Tüte Tomatensaucenpulver

Das Gemüse in einer vorbereiteten Tonform miteinander mischen. Die Bouillon mit den Gewürzen abschmecken und über das Gemüse gießen. Bratwurstmett und Hackfleisch mit den Gewürzen abschmecken und Ei und Semmelbrösel darunterkneten. Aus der Fleischmasse gleichgroße kleine Bällchen formen und diese auf dem Gemüse anrichten. Die Form verschließen und alles zusammen im Ofen bei 220 Grad etwa 35 Minuten garen. Tomatensauce nach Anweisung zubereiten und kurz vor dem Servieren unter das Gemüse und die Fleischbällchen mischen oder separat dazu reichen.

Für 4 Personen.

Getränke: Gekühlter Rosé.

Vorbereitungsdauer: 20 Minuten.

Gefüllte Kairo-Zwiebeln

4 große Gemüse-Zwiebeln (zus. 1 kg)
2 Teelöffel Salz
1 Teelöffel feiner schwarzer Pfeffer
250 g Schweinehackfleisch
$^{1}/_{2}$ Brötchen oder 1 Scheibe Weißbrot
2 Eier
1 Messerspitze geriebene Muskatnuß
2 Teelöffel edelsüßes Paprikapulver
$^{1}/_{2}$ Tasse Rotwein
1 kleine Gewürzgurke

Zwiebeln schälen, mit einem spitzen Küchenmesser innen aushöhlen, mit 1 Teelöffel Salz und $^{1}/_{2}$ Teelöffel Pfeffer ausreiben. Gehacktes mit eingeweichtem Brötchen oder Brot, Eiern, Salz, Pfeffer, Muskat, Paprika und dem feingeschnittenen Zwiebelinneren vermischen und in die Zwiebeln füllen. Einen RÖMERTOPF befeuchten. Die Zwiebeln hineinsetzen. Mit Rotwein und gehackten Gurken übergießen und zugedeckt 40 Minuten schmoren.

Dazu: Bratkartoffeln oder Reis.

Für 4 Personen.

Als Getränk: Rotwein.

Vorbereitungsdauer: 15 Minuten.

Butterkartoffeln mit Kümmel und grobem Salz

100 g Butter, zerlassen
12 mittelgroße Kartoffeln, gründlich gewaschen
3 Eßlöffel Kümmel
2 Teelöffel grobkörniges Salz

Einen RÖMERTOPF vorbereiten. Die Kartoffeln mit der Schale halbieren und mit den Schnittflächen nach oben nebeneinander in die Tonform setzen. Über die Schnittflächen Butter träufeln, Kümmel darüber verteilen und die Kartoffeln in der geschlossenen Form im Ofen bei 250 Grad 40 bis 60 Minuten garen. Zum Servieren das grobkörnige Salz über die Kartoffeln streuen. Je nachdem, ob Sie neue oder alte Kartoffeln verwenden, kann sogar die Schale mitgegessen werden.

Dazu: Butter, saure Sahne oder Sahnejoghurt und Kaviar.

Für 6 Personen.

Als Getränk: Bier oder Moselwein.

Vorbereitungsdauer: 5 Minuten.

Spanischer Zwiebelauflauf

4 große Gemüsezwiebeln
1 Gewürzgurke, feingehackt
1 Röhre Oliven ohne Stein, gehackt

Großmutters Kartoffelauflauf, Seite 132 →

$^1/_2$ l Tomatensaft
2 rohe Thüringer Bratwürste
$^1/_2$ Teelöffel Selleriesalz
$^1/_4$ Teelöffel Knoblauchpulver
$^1/_2$ Teelöffel Majoran
1 Lorbeerblatt
2 Gewürznelken

Die Zwiebeln schälen, das Wurzelende abschneiden und die Zwiebeln 5 Minuten in kochendem Salzwasser ziehen lassen. Dann das Innere mit einem spitzen Küchenmesser aushöhlen und die ausgelösten Zwiebelstücke kleinhacken. Diese mit den Gurken- und Olivenstückchen unter den Tomatensaft mischen und in den vorbereiteten RÖMERTOPF füllen. Die Bratwurstmasse aus der Pelle drücken, mit Selleriesalz, Knoblauch und Majoran würzen und in die Zwiebeln füllen. Diese so in den Sud in die Tonform stellen, Lorbeerblatt und Gewürznelken zufügen und im Ofen bei 250 Grad etwa 70 Minuten garen.

Dazu: Kartoffelbrei.

Für 4 Personen.

Als Getränk: Spanischer Rotwein.

Vorbereitungsdauer: 10 Minuten.

Tomaten-Paprika-Chutney

500 g Tomaten, abgezogen, geviertelt
je 4 gelbe und grüne Paprikaschoten, entkernt, in Streifen
250 g Zwiebeln, in Scheiben geschnitten
2 Äpfel, geschält, entkernt, gewürfelt
50 g Rosinen, eingeweicht
350 g Zucker
1 Eßlöffel Salz
4 Teelöffel Paprikapulver
$^1/_2$ Teelöffel Cayennepfeffer
1 Messerspitze Piment
1 Teelöffel Senfkörner
4 zerdrückte Korianderkörner
1 kleines Lorbeerblatt
1 Tasse Weinessig

Tomaten, Paprika, Zwiebeln, Äpfel und Rosinen mit den Gewürzen in einen vorbereiteten RÖMERTOPF füllen und gründlich miteinander vermischen. Zum Schluß Essig und $1^1/_2$ Tassen Wasser darübergießen und das Ganze in der geschlossenen Form im Ofen bei 220 Grad 2 Stunden kochen. Das Chutney anschließend in vorbereitete Einmachgläser füllen und sofort mit Einmachcellophan verschließen.

Zu gebrauchen als würzige Beigabe zu Schweinebraten, Steaks, Roastbeef, gebratenem Huhn.

Vorbereitungsdauer: 10 Minuten.

Pasteten sind erfüllte Träume

Pasteten gehören zu den herrlichen Schmankerln, die das Herz des Feinschmeckers höher schlagen lassen, und die mit Stolz erfüllen, wenn sie herrlich duftend und gelungen serviert werden. Daß sie gelingen, d. h. nicht austrocknen, nicht zu stark verkrusten und gleichmäßig durchgaren, dafür sorgt Ihr RÖMERTOPF. Hier sind aber auch die Aufläufe erwähnt, die so manchen unscheinbaren Rest in ein neues anspruchsvolles Gericht verwandeln können.

Kölner Hähnchenpastete

500 g Blätterteig (tiefgekühlt im Handel)
je 1 Leber und Magen vom Hähnchen
1 Möhre, geschabt
1 Stange Porree, in Scheiben geschnitten
1 Tasse Bratenreste, gewürfelt
1/2 Teelöffel Salz
1 Prise weißer Pfeffer
3 Eier
3 Eßlöffel Milch
20 g Butter
6 abgezogene Mandeln, gehackt
300 g gebratenes Hähnchenfleisch
1 Teelöffel Tomatenketchup

Den Blätterteig auftauen lassen und nach Anweisung auf den Paketen messerrückendick ausrollen. Leber und Magen vom Hähnchen mit der Möhre und den Bratenresten durch die grobe Scheibe des Fleischwolfes drehen, die Masse mit Salz und Pfeffer würzen und die Porreescheiben daruntermischen. Aus Eiern, Milch und den Gewürzen in der heißen Butter Rühreier backen. Mit dem Blätterteig einen gewässerten RÖMERTOPF so auslegen, daß eine Teighälfte als Deckel übergeklappt werden kann. Auf den Teig nun zuerst die Fleischfarce, dann das Rührei, die gehackten Mandeln und die Hähnchenteile legen, mit Tomatenketchup beträufeln, den Teigdeckel darüberklappen und festdrücken. Die Form schließen und im Ofen bei 240 Grad etwa 90 Minuten backen. Kurz vor Ende der Garzeit die Form öffnen, die Teigoberfläche mit Eigelb bepinseln und goldgelb werden lassen.

Dazu: Grüner Salat, Butterkartoffeln.

Als Getränk: Württemberger Rotwein.

Für 4 Personen.

Vorbereitungsdauer: 15 Minuten.

Pariser Leberpastete

1 Paket tiefgekühlter Blätterteig
600 g Schweineleber
200 g gekochtes Schweinefleisch
je 1 Prise Thymian und Majoran
1 Zwiebel
1 zerdrückte Knoblauchzehe
3 Gläschen Weinbrand
1 Teelöffel Salz
1 Teelöffel feiner, weißer Pfeffer

50 g abgezogene Pistazien
200 g kleine Pfifferlinge (Konserven)
1 Eigelb

Einen Römertopf vor Gebrauch 10 Minuten in kaltes Wasser legen, dann abtropfen lassen. Den Blätterteig auftauen und so dünn ausrollen, daß damit die Form ausgekleidet werden kann und noch ein Teigdeckel übrigbleibt. Leber und Schweinefleisch durch die feine Scheibe des Fleischwolfs drehen. Dann alle Gewürze und den Weinbrand daruntermischen und zum Schluß Pistazien und abgespülte und zerschnittene Pfifferlinge zufügen. Mit dem Blätterteig die Tonform auskleiden, die Speckscheiben darauflegen und darüber die Pastetenmasse füllen und mit dem Teig zudecken. Obenauf Lorbeerblatt und Zitronenscheiben legen, dann mit Eigelb bepinseln. Die Form verschließen und im Ofen bei 200 Grad etwa 90 Minuten backen. Die Pastete schmeckt warm und kalt. Man schneidet mit einem Messer dicke Scheiben heraus.

Dazu: Stangenweißbrot und Rapunzelsalat.

Als Getränk: Roter Bordeauxwein.

Für 6 Personen.

Vorbereitungsdauer: 10 Minuten.

Pariser Schinkensoufflé

200 g gekochter Schinken, in Scheiben
20 g Weizenmehl
$^1/_4$ l Milch
$^1/_2$ Teelöffel Salz

¼ Teelöffel Muskatnuß
½ Teelöffel weißer Pfeffer
3 Eigelbe
40 g geriebener Käse
3 Eiweiße, zu steifem Schnee geschlagen

Einen vorbereiteten RÖMERTOPF mit den Schinkenscheiben auslegen. Aus der übrigen Butter und dem Mehl eine helle Schwitze rühren, mit Milch löschen und mit Salz, Muskat und Pfeffer abschmecken. Dann Eigelbe und Käse unter die Masse rühren und zum Schluß den Eischnee mit einem Schneebesen locker darunterziehen. Den RÖMERTOPF zudecken und im Ofen bei 200 Grad etwa 55 Minuten backen.

Dazu: grüne Erbsen, rohe gebratene Kartoffelscheiben.

Als Getränk: Moselwein.

Für 4 Personen.

Vorbereitungsdauer: 5 Minuten.

Eier-Auflauf „Jerome"

1 Paket Kartoffelpürreepulver
1 Bund Küchenkräuter, gehackt
2 Eßlöffel Olivenöl
¼ Dose Steinpilze, abgetropft
50 g geräucherte Bauchspeckwürfel
2 Zwiebeln, in Scheiben
1 Fleischwurst, in Scheiben (ohne Pelle)
6 hartgekochte Eier, gepellt, in Scheiben
2 Tomaten, abgezogen, in Scheiben
¼ Knolle Sellerie, in feinen Streifen
4 Kartoffeln, geschält, in dünnen Scheiben
2 Eßlöffel Tomatenmark
2 Eßlöffel Rotwein
1 Teelöffel Salz
1 Teelöffel Paprikapulver
1 Prise Zucker
2 Eier

Einen RÖMERTOPF 10 Minuten in kaltes Wasser legen. In der Zeit aus dem Kartoffelpüreepulver nach Anweisung Kartoffelbrei bereiten, etwas abkühlen lassen und mit den Kräutern mischen. In den RÖMERTOPF den Kartoffelbrei hineinfüllen und die Oberfläche glattstreichen. Einen Eßlöffel Olivenöl in einer Pfanne erhitzen, die Pilze darin andünsten, Speck und Zwiebeln zufügen und fünf Minuten unter ständigem Rühren erhitzen. Damit die Kartoffelbreischicht zudecken. Obenauf die Wurstscheiben und die Eier verteilen. Dann Tomaten und Sellerie darüberfüllen und alles zusammen mit Kartoffelscheiben abdecken. Tomatenmark mit dem übrigen Öl, Rotwein, Salz, Paprikapulver, Zucker und den Eiern verquirlen. Die Sauce über die Zutaten gießen, den RÖMERTOPF zudecken und im Ofen den Auflauf bei 220 Grad etwa 45 Minuten backen.

Dazu: Tomatensalat, grüne Erbsen.

Als Getränk: Nahewein.

Für 4 Personen.

Vorbereitungsdauer: 10 Minuten.

Auflauf „Mira“

8 dünne Schweinekoteletts ohne Knochen
2 Teelöffel Rosenpaprika
1 Teelöffel Currypulver
200 g Butter
1 Teelöffel Salz
1/2 Teelöffel weißer Pfeffer
500 g Zwiebeln, geviertelt
500 g frische Champignons, geputzt, halbiert
500 g Äpfel, geschält, in Scheiben
1/8 l Sahne
je 1 rote und grüne Paprikaschote

Die Koteletts leicht klopfen und von beiden Seiten mit Rosenpaprika und Currypulver einreiben. Einen Teil der Butter in einer Pfanne erhitzen und darin die Koteletts von beiden Seiten 5 Minuten braten. Nach und nach Butter zufügen. Das Fleisch dann mit Salz und Pfeffer würzen und schuppenförmig in einen vorbereiteten RÖMERTOPF legen. Anschließend in dem Bratfett nacheinander Zwiebeln, Champignons und Äpfel anbräunen und lageweise auf dem Fleisch anrichten. Den Bratenfond mit Sahne loskochen, die Sauce über das Gericht gießen und in der geschlossenen Form im Ofen bei 240 Grad etwa 55 Minuten garen.

Dazu: Stangenweißbrot.

Als Getränk: Bier.

Für 8 Personen.

Vorbereitungsdauer: 8 Minuten.

Rindfleischauflauf „Madeleine“

600 g Rindfleisch aus der Keule
40 g Öl
8 Zwiebeln, in Ringen
500 g gekochte Kartoffeln, gepellt, in Scheiben
1 Knoblauchzehe, gehackt
3/8 l Tomatensauce
2 Eßlöffel geriebener Käse
2 Eßlöffel zerlassene Butter
1 Bund Petersilie, gehackt

Das markstückgroß geschnittene Rindfleisch im heißen Öl in einer Pfanne 5 Minuten bei starker Hitze anbraten, dann die Zwiebeln zufügen, kurze Zeit mit andünsten und zusammen dann in einen vorbereiteten RÖMERTOPF füllen. Darauf die Kartoffelscheiben legen. Knoblauch unter die Tomatensauce rühren und diese über die Kartoffelscheiben gießen. Zum Schluß den Käse darüberstreuen, das Ganze mit Butter beträufeln und den Auflauf in der geschlossenen Form im Ofen bei 240 Grad etwa 45 Minuten backen. 10 Minuten vor Ende der Garzeit den Deckel abnehmen und die Oberfläche goldbraun werden lassen. Zum Servieren die gehackte Petersilie an den Rand streuen.

Dazu: Selleriesalat.

Als Getränk: Bier.

Für 6 Personen.

Vorbereitungsdauer: 10 Minuten.

Pariser Landpastete

250 g Mürbeteig
4 rohe Bratwürste
4 Eßlöffel gewiegte Champignons
4 Eßlöffel gewiegte Pökelzunge
4 Eßlöffel gewiegte rote Paprikaschote oder Tomate
1 Teelöffel Majoran
1/2 Teelöffel Selleriesalz
1/4 Teelöffel Zwiebelpulver

Einen RÖMERTOPF vor Gebrauch 10 Minuten in kaltes Wasser legen, abtropfen lassen und mit dem vorbereiteten Mürbeteig auslegen. Die Bratwurstmasse aus der Pelle drücken und mit Champignons, Zunge und Paprikastückchen verkneten. Die Masse mit Majoran, Selleriesalz und Zwiebelpulver abschmecken. Dann in den RÖMERTOPF füllen und die Teigränder an den Seiten etwas darüberklappen. In der Mitte freilassen. Den RÖMERTOPF zudecken und im Ofen bei 220 Grad etwa 75 Minuten backen.

Dazu: Pfifferlinge und Pommes frites.

Als Getränk: Bordeaux-Rotwein.

Für 4 Personen.

Vorbereitungsdauer: 10 Minuten.

Bayrischer Rosenkohlauflauf

100 g fetter Rauchspeck
1 Teelöffel Selleriesalz
1/2 Teelöffel Muskatnußpulver
1 Teelöffel Salz
750 g Rosenkohl, geputzt, gewaschen
4 Scheiben Kasseler Rippenspeer ohne Knochen, je 160 g
1 Bund Petersilie, gehackt
1/2 l Bouillon
6 kleine, feste Tomaten, abgezogen, halbiert
12 kleine Käsewürfel

Einen RÖMERTOPF wie üblich wässern, Speck in feine Würfel schneiden und in einer Pfanne 3 Minuten lang auslassen. Selleriesalz, Muskatnußpulver und Salz in dem Fett verrühren und mit dem rohen Rosenkohl mischen. Einen Teil davon in den RÖMERTOPF geben, darauf die Kasseler Scheiben legen und mit dem übrigen Rosenkohl auffüllen. Obenauf die gehackte Petersilie streuen, die Bouillon dazugießen und an den Rand die halbierten Tomaten mit der Schnittfläche nach oben setzen. Auf jede Tomatenhälfte einen Käsewürfel legen, die Form zudecken und im Ofen bei 220 Grad etwa 65 Minuten backen.

Dazu: Salzkartoffeln.

Für 4 Personen.

Getränk: Bier.

Vorbereitungsdauer: 8 Minuten.

Schweizer Käseauflauf

50 g Butter
100 g Mehl
1/4 l Milch
1/2 Teelöffel geriebene Muskatnuß
1/2 Teelöffel Salz
1 Teelöffel feiner weißer Pfeffer
einige Spritzer Tabascosauce
2 Tassen geriebener Käse
4 Eier
2 Eßlöffel gehackte Petersilie

Die Butter in einer Kasserolle schmelzen lassen und das Mehl darin anschwitzen. Die Milch dazurühren und zusammen kurz aufkochen lassen. Mit den Gewürzen abschmekken. Den Käse mit Eiern und der Petersilie glattrühren, langsam unter den Teig rühren. Eiweiß zu steifem Schnee schlagen, mit einem Schneebesen locker unter die Käsemasse heben und das Ganze in die vorgewärmte Tonform füllen. Den Deckel schließen und den Auflauf im Ofen bei 200 Grad 55 Minuten backen. Danach nochmals bei gleicher Temperatur 10 Minuten ohne Deckel leicht bräunen und trocknen lassen.

Dazu: Kopfsalat.

Für 4 Personen.

Getränk: Pfälzer oder Frankenwein.

Vorbereitungsdauer: 5 Minuten.

Schwedischer Fischauflauf

600 g Schellfischfilet
1 Teelöffel Salz
1/2 l Wasser
4 Pfefferkörner
1 Zwiebel, gepellt
1 Zweig Dill
2 Eßlöffel Butter
2 Eßlöffel Mehl
1/8 l Weißwein
1/4 l saure Sahne
1/2 Teelöffel Salz
1 Prise Selleriesalz
1/2 Teelöffel weißer Pfeffer
1 Eigelb
250 g gedünstete Champignons
200 g Krabbenfleisch oder Crevetten

Die Fischfilets waschen, säuern und mit Salz einreiben; dann in einen Sud aus Wasser, Pfefferkörnern, Zwiebel und Kräutern 8 Minuten zugedeckt ziehen lassen. Die Fische aus dem Sud nehmen und in einen vorbereiteten RÖMERTOPF legen. Butter in einer Kasserolle erhitzen, das Mehl darin anschwitzen und mit 1/8 l Fischsud, Weißwein und Sahne verrühren. Die Sauce mit den Gewürzen abschmecken und mit Eigelb legieren, dann über den Fisch in der Form gießen. Champignons und Krabbenfleisch obenauf schichten und das Ganze in der geschlossenen Form im Ofen bei 240 Grad etwa 50 Minuten garen. Zum Servieren die Sauce mit den Champignons und den Krabben verrühren und das Gericht in der Form servieren.

Dazu: Salzkartoffeln.

Als Getränk: Moselwein.

Für 6 Personen.

Vorbereitungsdauer: 12 Minuten.

Rastätter Aalpastete

1 Paket Tiefkühlblätterteig
1 dicker Räucheraal
2 Zwiebeln, in Scheiben geschnitten
25 g Butter
2 Scheiben Weißbrot, ohne Rinde
4 Eßlöffel Sahne
1 Teelöffel Salz
1/2 Teelöffel Selleriesalz
1 Teelöffel Paprikapulver
1/2 Teelöffel weißer feiner Pfeffer
1 Teelöffel Senfsaat
1 Teelöffel gewiegte Basilikumblätter
1/2 Teelöffel scharfer Senf
2 Eier
4 breite, dünne Scheiben fetter Speck
1 Tasse Dillmayonnaise

Den Teig auftauen und dünn ausrollen. Den Aal enthäuten und entgräten und in Stücke von 2 cm Länge schneiden. Die Zwiebeln in der Butter glasig dünsten, anschließend wiegen. In einer Schüssel Zwiebeln, geweichtes Weißbrot, Sahne, Gewürze, von Senf bis Salz zufügen und 1 Eigelb einmischen. Einen vorbereiteten RÖMERTOPF mit Speckscheiben

Königliche Wildpastete, Seite 133 →

ROMER

auslegen, die Masse etwa einen cm dick aufstreichen und die Aalstücke gleichmäßig darauf verteilen. Mit der restlichen Masse den Topf füllen und die Oberfläche glätten. Den Teig so über die Form legen, daß die Teigränder überhängen. Die Ecken rundschneiden und die Teigränder an den Formrand festdrücken, so daß ein Wulst entsteht. Die Oberfläche mit einer Messerspitze mehrfach tief einstechen, mit einem verquirlten Ei bestreichen und im Ofen bei 200 Grad etwa 60 Minuten backen; anschließend in der Form abkühlen lassen. In kaltem Zustand stürzen und die Speckscheiben abziehen. Die Aalpastete wird dann mit einer dickflüssigen Dillmayonnaise überzogen.

Dazu: Bratkartoffeln.

Als Getränk: Moselwein.

Für 4 Personen.

Vorbereitungsdauer: 15 Minuten.

Großmutters Kartoffelauflauf

1 kg Kartoffeln, gekocht, gepellt
200 g gekochter Schinken, gewürfelt
75 g durchwachsener Rauchspeck, gewürfelt
200 g Zwiebelringe
1 Teelöffel Kümmel
2 Teelöffel Salz
1 Teelöffel weißer Pfeffer
1/2 Teelöffel Muskatnußpulver
1 Ei
1/4 l Milch
125 geriebener Käse
6 Eßlöffel geriebener Zwieback
100 g Butterflöckchen

Einen RÖMERTOPF vor Gebrauch in kaltes Wasser legen. Die Kartoffeln in Scheiben schneiden und in den Römertopf schichten. Schinken, Speckwürfel und die Zwiebeln darüberfüllen. Kümmel, Salz, Pfeffer und Muskatnuß mit dem Ei in der Milch verrühren und über die Zutaten in dem RÖMERTOPF gießen. Obenauf eine dicke Schicht aus geriebenem Käse und Zwiebackmehl streuen. Zum Schluß die Butterflöckchen auf der Oberfläche verteilen, die Form zudekken und den Auflauf im Ofen bei 220 Grad etwa 95 Minuten backen.

Dazu: Tomatensalat.

Für 4 Personen.

Getränk: helles oder dunkles Bier.

Vorbereitungsdauer: 8 Minuten.

Entenpastete mit Pfirsichhälften

1 Bratente
2 Teelöffel Salz
1 Teelöffel feiner weißer Pfeffer
1 Messerspitze feine Nelken
1 Messerspitze Kardamom
10 Zwiebeln
50 g Öl zum Braten
2 feine rohe Bratwürste
4 Scheiben Weißbrot oder 2 altbackene Brötchen
200 g feiner Speck, in Scheiben
2 Gläser Weinbrand
2 Gläser Kroatzbeerlikör
1 Dose Pfirsiche, abgetropft

Die Ente ausnehmen und waschen. Dann die Ente vierteln und die Knochen entfernen, so daß nur Fleisch und Haut übrigbleiben. Fleisch in große Würfel schneiden. Dann Herz und Leber in kleine Würfel schneiden. Die Haut und das Kleinfleisch von den Knochen zweimal durch die feinste Scheibe des Fleischwolfes drehen. Die Fleischmasse und die Würfel mit Salz, Pfeffer, Nelken und Kardamom würzen. Die Zwiebeln in grobe Stücke schneiden und in einer Pfanne mit dem Fett hellbraun werden lassen. Danach in die Masse mischen und nochmals durch den Wolf drehen. Jetzt das geweichte Brot dazugeben und ein drittes Mal durchdrehen. Die Brustwürfel unter häufigem Wenden 3 Minuten in einer Pfanne hellbraun braten. Dann unter die Masse mischen und den Weinbrand und Likör dazugeben. Die Masse in vorbereiteten RÖMERTOPF einfüllen; die Oberfläche mit Speckscheiben abdecken, die Form verschließen und im Ofen bei 240 Grad etwa 80 Minuten backen. Den Speck entfernen. Die Pastete einen Tag in der Form auskühlen lassen und zum Servieren auf eine Platte stürzen. In zentimeterdicke Scheiben schneiden und auf einer Platte treppenförmig anrichten. Mit Pfirsichhälften garnieren.

Dazu als Beilage: Getoastetes Grahambrot mit Kräuterbutter.

Getränk: Beaujolais.

Vorbereitungsdauer: 45 Minuten.

Königliche Wildpastete

250 g Rehfleisch (ohne Knochen)
250 g Hirschfleisch
250 g Rebhuhnfleisch
250 g gehacktes Rindfleisch
100 g gedünstete Zwiebelscheiben
Salz, Pfeffer, abgeriebene Schale einer Zitrone

1 Messerspitze Ingwerpulver
je 1 Prise Majoran, Salbei und Rosmarin
75 g Pfifferlinge
4 Eier
5 Eßlöffel Madeira
1/4 l saure Sahne
100 g geräucherte Speckscheiben

Das Fleisch in gleichgroße Würfel schneiden und in den vorbereiteten RÖMERTOPF legen. Die Form verschließen und 30 Minuten im Ofen bei 220 Grad Saft ziehen lassen. Anschließend die Gewürze daruntermischen und das Fleisch abkühlen lassen. Dann in einer Schüssel mit dem Hackfleisch, Zwiebeln und Pilzen sehr gründlich vermischen. Die Eier mit Madeira und Sahne verquirlen, unter die Fleischmasse geben und wieder in den Tontopf füllen. Die Pastetenmasse mit Speckscheiben belegen, die Form verschließen und im Ofen bei 220 Grad etwa 2 Stunden garen. Die Pastete anschließend ohne Deckel weitere 15 Minuten appetitlich bräunen lassen. Zum Servieren aus der Form stürzen, in Scheiben aufschneiden, heiß oder kalt servieren.

Dazu: Cumberlandsauce (fertig in Flaschen) oder Senffrüchte oder Alkoholfrüchte (fertig in Gläsern).

Getränk: Burgunder Rotwein.

Vorbereitungsdauer: 10 Minuten.

Laßt uns süße Sachen machen

Abwechslung im Küchenzettel bringen süße Hauptgerichte. Und wenn man mit Einfallsreichtum und Geschick an süße Sachen herangeht, dann wird auch ein gestandener Mann nicht mehr von Kindermahlzeit sprechen. Dazu natürlich der Tip: Ihr RÖMERTOPF für Süßes sollte nicht zu groß sein und dann wirklich auch nur süßen Sachen vorbehalten bleiben.

Gebackene Zwetschgen „Adele“

1 kg Zwetschgen, entsteint
75 g Zucker
1 Teelöffel Zimtpulver
1 Prise Nelkenpulver
2 Gläser Madeirawein
150 g Mehl
175 g Zucker
75 g Haselnußmehl
125 g Butter

Einen RÖMERTOPF vor Gebrauch 10 Minuten in kaltes Wasser legen, dann abtropfen lassen. Die vorbereiteten Zwetschgen mit Zukker, Zimt und Nelkenpulver mischen. Wer es mag, darf noch Madeira darüberträufeln. Die Früchte in den vorbereiteten RÖMERTOPF füllen. Mehl, Zucker, Haselnußmehl und Butter zu Streuseln verarbeiten. Die Form zudecken und im Ofen bei 220 Grad rund 60 Minuten backen.

Dazu: Vanillesauce.

Als Getränk: Madeirawein.

Für 6—8 Personen.

Vorbereitungsdauer: 10 Minuten.

Dampfnudeln mit Vanillesauce

500 g Mehl
30 g Hefe
80 g Zucker
1/4 l Milch
80 g Butterflöckchen
1 Ei
1/4 Teelöffel Salz
abgeriebene Schale einer Zitrone
1/8 l heiße Milch
30 g Butter
30 g Zucker
1 Tüte Vanillezucker

Das Mehl in eine angewärmte Schüssel sieben, in die Mitte eine Vertiefung drücken und dahinein die Hefe bröckeln. Etwas Zucker und die Hälfte der angewärmten Milch mit der Hefe verrühren. Butterflöckchen, Ei, Salz und Zitronenschale auf dem Mehlrand verteilen, die Schüssel zudecken und an einem warmen Ort solange stehenlassen, bis sich der Hefeteig verdoppelt hat. Dann die übrige Milch mit allen Zutaten in der Schüssel zu einem geschmeidigen Hefeteig verkneten. Aus dem Teig gleichgroße Klöße formen, in einen vorbereiteten RÖMERTOPF legen und gehenlassen. In der Zeit in der heißen Milch die Butter schmelzen lassen, Zucker und Vanillezucker darin auflösen und zusammen in die Form gießen. Die Dampfnudeln zugedeckt im Ofen bei 240 Grad etwa 45 Minuten garen.

Dazu: Vanillesauce.

Für 6 Personen.

Als Getränk: Rheingauer Weißwein.

Vorbereitungsdauer: 30 Minuten.

Birnen im Teig

175 g durchwachsene Speckscheiben
1 kg weiche Birnen
100 g Butter
100 g Zucker
1 Tüte Vanillezucker
3 Eigelbe
200 g Mehl
50 g Stärkemehl
1 Teelöffel Backpulver
4 Eßlöffel Milch
3 Eiweiße, steifgeschlagen

Einen RÖMERTOPF 10 Minuten vor Gebrauch in kaltes Wasser legen. Dann mit den Speckscheiben auslegen. Die Birnen schälen, halbieren, entkernen und darauf verteilen. Butter schaumig rühren und nach und nach Zucker, Vanillezucker und Eigelbe unter ständigem Rühren daruntermischen. Mehl, Stärkemehl und Backpulver zusammen sieben und mit der Milch und der Schaummasse zu einem geschmeidigen Teig verrühren. Zum Schluß den Eischnee darunterheben, den Teig über die Birnen in den RÖMERTOPF füllen, glattstreichen und in der geschlossenen Form im Ofen bei 220 Grad bis zu 75 Minuten backen.

Dazu: Fruchtsaft.

Für 6 Personen.

Als Getränk: Portwein.

Vorbereitungsdauer: 15 Minuten.

Schaumiger Biskuitpudding

5 Eigelbe
3 Eßlöffel heißes Wasser
150 g Zucker
1 Tüte Vanillezucker
abgeriebene Schale einer Zitrone
80 g Mehl
80 g Stärkemehl
1 Teelöffel Backpulver
5 Eiweiße, sehr steif geschlagen

Einen RÖMERTOPF wie üblich vorbereiten und bereitstellen. In einer Schüssel Eigelb und heißes Wasser mit einem Schneebesen schaumig schlagen, dann den Zucker, Vanillezucker und abgeriebene Zitronenschale daruntermischen und so lange weiterschlagen, bis eine cremige Masse entstanden und der Zucker aufgelöst ist. Eischnee darüberfüllen und Mehl, Stärkemehl und Backpulver daraufsieben. Alle Zutaten locker mit einem Schneebesen unterheben. Den Teig sofort in den vorbereiteten RÖMERTOPF füllen, zudecken und im Ofen bei 250 Grad etwa 85 Minuten backen. Zum Servieren den Pudding aus der Form stürzen.

Dazu: Kompott oder Weinschaumsauce.

Für 6 Personen.

Als Getränk: Kakao.

Vorbereitungsdauer: 10 Minuten.

Gefüllte Aprikosen

750 g frische Aprikosen
1 Paket Marzipanmasse
4 Eßlöffel feingehackte Sukkade (Zitronat)
1 Eßlöffel Sultaninen
10 Eßlöffel Orangenlikör oder Curaçao

Einen RÖMERTOPF 10 Minuten vor Gebrauch in kaltes Wasser legen. In der Zeit die Aprikosen waschen, heiß brühen, Haut abziehen und die Kerne so herauslösen, daß die Hälften zusammenbleiben. Marzipan und Sukkade, Sultaninen kneten und daraus gleichgroße Kugeln formen. Damit die Aprikosen füllen und die Früchte zusammendrücken. Nebeneinander in den vorbereiteten RÖMERTOPF legen. Den Orangenlikör darüberträufeln, die Form schließen und im Ofen bei 200 Grad etwa 65 Minuten weichdünsten.

Dazu: Vanillesauce.

Für 6 Personen.

Als Getränk: Südwein.

Vorbereitungsdauer: 10 Minuten.

Helgas Zwiebackpudding

40 g Butter, zerlassen
12 runde Zwieback
10 Eßlöffel Brombeerlikör
1 Paket tiefgekühlte Himbeeren
400 g Sahnequark
1/8 l Orangensaft
1 Ei
75 g Zucker
1 Teelöffel Vanilleextrakt
1 Tüte Vanillepuddingpulver
abgeriebene Schale je einer halben Orange und Zitrone
2 Eßlöffel Butter in Flöckchen

Einen RÖMERTOPF 10 Minuten wässern und abtropfen lassen. Dann die Form mit Zwieback auslegen; aber darauf achten, daß einige zum Abdecken zurückbleiben. Über den Zwieback 3 Eßlöffel Likör und etwas Butter träufeln und die aufgetauten Himbeeren darauf verteilen. In der Zeit mit einem Schneebesen Quark mit dem Oran-

Apfelstrudel, Seite 141 →

gensaft, Ei, Zucker, Vanilleextrakt und Puddingpulver verrühren. Zum Schluß die abgeriebenen Fruchtschalen daruntermischen und die Quarkmasse in die Form füllen. Die Oberfläche mit dem übrigen Zwieback abdecken; diese mit dem restlichen Likör beträufeln, die Butterflöckchen obenaufsetzen und den Zwiebackpudding in der geschlossenen Form im Ofen bei 220 Grad etwa 60 Minuten garen.

Dazu: Heiße Himbeersauce.

Für 6 Personen.

Als Getränk: Badischer Weißwein.

Vorbereitungsdauer: 15 Minuten.

Überbackene Erdbeereisbombe

25 Löffelbiskuits
1 Paket Erdbeereis
200 g Erdbeeren, frisch oder tiefgekühlt
3 Eiweiß
50 g Puderzucker
3 Eigelbe
50 g Mehl
1 Tüte Vanillinzucker
4 Eßlöffel Eierlikör

Den Römertopf vor Gebrauch 10 Minuten wässern, dann mit Löffelbiskuits auslegen. Den Eisblock darauf setzen und mit den Erdbeeren und den übrigen Biskuits umlegen. Ein paar Erdbeeren für die Dekoration zurücklassen. Das Eiweiß mit 25 g Puderzucker zu festem Schnee schlagen, Eigelb und Mehl dazugeben, ebenso Vanillinzucker und Eierlikör zufügen und alle Zutaten mit einem Schneebesen locker miteinander verrühren. Diese Masse dann gleichmäßig über die Eisform verteilen. Mit Puderzucker überstreuen und das Ganze ohne Deckel im hier ausnahmsweise vorgeheizten Ofen bei 250 Grad und eingeschaltetem Grill 3 Minuten überbacken. Zum Servieren mit den übrigen Erdbeeren umlegen.

Für 6 Personen.

Vorbereitungsdauer: 5 Minuten.

Aprikosenauflauf

250 g Reis
1 l Milch
1 Prise Salz
abgeriebene Schale einer halben Zitrone
60 g Butter
2 Eigelbe
180 g Zucker
2 Eiweiß
750 g Aprikosen, entsteint

In einen vorbereiteten Römertopf Reis und Milch einfüllen und etwas Zitronenschale und eine Prise Salz zufügen. Dann in der geschlossenen Form 30 Minuten im Ofen bei 220 Grad backen. In der Zeit Butter mit Eigelben und Zucker verrühren, Eiweiß daruntermischen und diese Masse unter den Reis mischen. Die Hälfte davon aus der Form nehmen, die Aprikosen darauf verteilen und mit Reis zudecken. Obenauf einige Aprikosen als Garnitur legen, die Form wieder zudecken und im Ofen weitere 20 Minuten backen. Zum Servieren mit 100 g geriebener Schokolade bestreuen.

Dazu: Vanillesauce mit Vanilleeis schaumig geschlagen.

Als Getränk: Badische Spätlese.

Für 4 Personen.

Vorbereitungsdauer: 3 Minuten.

Waldorfer Nußpudding

150 g Butter
6 Eigelb
2 Eier
200 g Zucker
250 g Walnußkerne, geschält
4 Eßlöffel Milch
250 g Semmelmehl
die abgeriebene Schale einer Zitrone
1 Tasse süße Sahne
1 Prise Salz
8 Eiweiß

Butter mit Eigelb, Eiern und Zucker zu Schaum rühren, Walnußkerne in Milch zerstoßen, Semmelbrösel, Zitronenschale, süße Sahne und Salz zufügen und mit dem Schneebesen zu einer festen Masse rühren. Die Eiweiße zu Schnee schlagen und unterheben. Den etwa 10 Minuten gewässerten RÖMERTOPF mit Semmelmehl ausstreuen. Die Puddingmasse einfüllen und in der geschlossenen Form im Ofen bei 200 Grad etwa 40 Minuten backen. Zum Servieren Pudding aus der Form stürzen, in Scheiben schneiden.

Dazu: Heiße Himbeersauce.

Vorbereitungsdauer: 5 Minuten.

Apfelstrudel

1 Packung Blätterteig, tiefgekühlt
1/2 Eßlöffel Zitronensaft
2 1/2 Eßlöffel Öl oder Butter
50 g Semmelbrösel
30 g Butter
1 kg Äpfel, geschält, in feinste Scheiben geschnitten
Saft einer halben Zitrone
100 g Zucker
1/2 Teelöffel Zimtpulver
50 g Rosinen
100 g geriebene Haselnußkerne
2 Eßlöffel Vanillezucker
knapp 1/4 l Milch

Den Blätterteig auftauen lassen und dünn ausrollen. Für die Füllung in der Zwischenzeit die Semmelbrösel in der heißen Butter 1/2 Minute lang anrösten. Anschließend Äpfel, Zitronensaft, Zucker, Zimt, Rosinen und Haselnußkerne miteinander mischen. Mit dem Teig einen befeuchteten RÖMERTOPF auskleiden, die Apfelmischung hineinfüllen und die Teigränder nach oben zusammenschlagen. Die Oberflächen mit Butter bepinseln und mit etwas Zucker bestreuen. Den Strudel in der geschlossenen Form im Ofen bei 200 Grad etwa 65 Minuten backen. Zum Bräunen der Oberfläche den Deckel der Form 20 Minuten vor Ende der Garzeit abheben.

Dazu: Vanillesauce.

Vorbereitungsdauer: 8 Minuten.

Bananenauflauf

1 Tüte Schokoladenpuddingpulver
$^1/_2$ l Milch
60 g Zucker
4 Gläschen Rum
100 g Mandeln, gehackt
10 Bananen
Saft von einer großen Zitrone
6 Eiweiß, steifgeschlagen

Aus dem Schokoladenpuddingpulver mit der Milch und dem Zucker nach Anweisung einen Schokoladenpudding kochen. Dann unter den noch warmen Pudding Rum und Mandeln mischen. Die Bananen schälen und in einer Schale zu Mus zerdrücken. Mit Zitronensaft abschmecken und in den Pudding mischen. Zum Schluß das steifgeschlagene Eiweiß mit einem Schneebesen locker darunterheben. Einen RÖMERTOPF wie üblich vorbereiten, die Schokoladenmasse hineinfüllen und in der geschlossenen Form im Ofen bei 250 Grad 35 Minuten backen.

Dazu: Obstsalat.

Für 6 Personen.

Als Getränk: Rheingauer Spätlese.

Vorbereitungsdauer: 10 Minuten.

Lieblingsäpfel „Eva"

4 dicke runde Weißbrotscheiben ohne Rinde
20 g Butter
4 große säuerliche Äpfel
Saft einer halben Zitrone
125 g Butter
125 g Puderzucker
4 Teelöffel Quittengelee
4 Gläser Calvados

In einen vorbereiteten RÖMERTOPF die Weißbrotscheiben nebeneinander hineinlegen. Darüber Butterflocken. Die Äpfel schälen, das Kerngehäuse herausstechen und die Äpfel mit Zitronensaft beträufeln. Sie dann

Schwäbischer Kirschauflauf, Seite 150 →

auf die Weißbrotscheiben legen. Butter und Puderzucker miteinander schaumig rühren und über die Äpfel verteilen. Die Form verschließen und im Ofen bei 250 Grad etwa 30 Minuten garen. Anschließend die Äpfel mit Quittengelee bestreichen, den Calvados darübergießen und anzünden. Heiß servieren.

Dazu: Zwieback.

Als Getränk: Rheingauer Wein.

Für 6 Personen.

Vorbereitungsdauer: 5 Minuten.

Mandelpudding „Ruprecht"

150 g Mandeln
100 g Butter
100 g Zucker
5 Eigelbe
abgeriebene Schale einer halben Zitrone
5 Eiweiße, steifgeschlagen
10 Eßlöffel Rum

Die Mandeln überbrühen, abziehen und fein mahlen. Die Butter in einer angewärmten Schüssel schaumig rühren und unter ständigem Rühren abwechselnd Zucker und Eigelbe daruntermischen. Dann die abgeriebene Zitronenschale zufügen und mit einem Schneebesen das zu steifem Schnee geschlagene Ei darunterheben. Die Masse in einen vorbereiteten Tontopf füllen, den Deckel darüberdecken und den Pudding im Ofen bei 220 Grad etwa 90 Minuten backen. Zum Servieren den Pudding aus der Form stürzen und sofort zu Tisch bringen.

Dazu: heiße Orangensauce.

Als Getränk: Sekt.

Für 4 Personen.

Vorbereitungsdauer: 5 Minuten.

Schokoladen-Mandelauflauf

70 g Butter
100 g Zucker
5 Eigelbe
125 g grob gemahlene Mandeln
70 g Semmelbrösel
100 g feine Schokoladenplätzchen
5 Eiweiße

Einen Römertopf 10 Minuten in kaltes Wasser legen. In einer Schüssel Butter und Zucker schaumig rühren und unter ständigem Rühren die Eigelbe nach und nach daruntermischen. Dann Semmelbrösel und Schokoladenplätzchen zufügen und zum Schluß Eischnee mit einem Schneebesen locker unter die Masse heben. Alles zusammen in einen vorbereiteten Römertopf füllen, zudecken und im Ofen bei 200 Grad etwa 80 Minuten backen. Der Pudding schmeckt heiß und kalt.

Dazu: Flüssige oder geschlagene Sahne.

Für 4 Personen.

Als Getränk: Rheingauer Spätlese.

Vorbereitungsdauer: 5 Minuten.

Kirsch-Grießauflauf „Odette“

1 l Milch
100 g Zucker
200 g Weizengrieß
50 g Rosinen
2 Eßlöffel Kirschwasser
die abgeriebene Schale einer halben Zitrone
500 g Kirschen ohne Stein
1 Prise Zimt
1 Tüte Vanillinzucker
2 Eßlöffel Butter
2 Eier

Milch mit dem Zucker aufkochen und Grieß locker einstreuen. Rosinen im Kirschwasser einweichen, Zitronenschale dazugeben und unter die Masse mischen. Kirschen mit Zimt und Vanillinzucker mischen und 15 Minuten durchziehen lassen. In den vorher gewässerten RÖMERTOPF eine Schicht Grießbrei hineinstreichen. Dann abwechselnd Kirschen, Grießbrei und wieder Kirschen einfüllen. Den Rest des Grießbreis mit den 2 Eiern cremig schlagen und als oberste Schicht über den Auflauf streichen. In der geschlossenen Form im Ofen bei 220 Grad 30 Minuten backen. Wird die Oberfläche dunkler gewünscht, Deckel die letzten 5—10 Minuten abheben. Zum Servieren mit Schlagsahne und Kirschen verzieren.

Dazu: heiße Kirschsauce oder Vanille-Sauce.

Als Getränk: trockener Sekt.

Für 4 Personen.

Vorbereitungsdauer: 18 Minuten.

Bananenauflauf „Juanita"

6 Bananen geschält, in Scheiben geschnitten
6 Eßlöffel Zucker
Saft von 2 Zitronen
4 Eßlöffel Schwarzwälder Himbeergeist

4 Eiweiß
5 Eßlöffel Zucker
30 g Mehl
1 Tüte Vanillinzucker
4 Eigelb

Die Bananenscheiben mit Zucker, Zitronensaft und Himbeergeist würzen und in der vorbereiteten Form verteilen. Den RÖMERTOPF dann in den Ofen schieben und ohne Deckel 15 Minuten durchwärmen, dann Eiweiß mit Zucker zu festem Schnee schlagen, Eigelb, Mehl und Vanillinzucker darunterheben und diese Masse über die Bananenscheiben verteilen. Die geschlossene Form im Ofen bei 250 Grad etwa 60 Minuten backen. Zum Servieren mit Puderzucker bestreuen. In Portionen ausstechen.

Dazu: flüssige Sahne.

Als Getränk: Milch.

Für 4 Personen.

Vorbereitungsdauer: 5 Minuten.

Aprikosenrolle „Melanie"

125 g Mehl
1 Prise Salz
1 Eigelb
10 g Butter
2 Eßlöffel Sahne
2 Eßlöffel lauwarmes Wasser
4 Eßlöffel Semmelbrösel
750 g Aprikosen, enthäutet, entkernt, halbiert

2 Eßlöffel Aprikosengeist oder Apricot-Brandy
100 g Mandeln
30 g Butter

Mehl als Kranz auf das Backbrett sieben; Salz, Eigelb, Butter und Sahne in die Mitte geben und schnell zusammen verkneten. Teig zu einer Kugel rollen, leicht mit Mehl überstäuben und mit Pergamentpapier eingeschlagen 20 Minuten im Kühlschrank ruhen lassen. Danach den Teig gleichmäßig dünn ausrollen, Mehl von der Oberfläche abpinseln und obere Seite mit flüssiger Butter beträufeln und mit Semmelbrösel bestreuen. Aprikosen mit Mandeln und Aprikosengeist oder Likör gleichmäßig auf dem Teig verteilen, eine Rolle formen, die beiden Seiten schmal einschlagen und dann die Rolle locker zusammenrollen. In den gewässerten RÖMERTOPF diese Rolle hineinlegen, so daß das Schlußstück nach unten liegt, die Rolle also während des Backens nicht wieder aufgehen kann. Mit flüssiger Butter bestreichen. In der geschlossenen Form im Ofen bei 250 Grad etwa 80 Minuten backen.
Zum Servieren mit Puderzucker bestreuen.

Dazu Schlagsahne und Kaffee.

Für 4 Personen.

Vorbereitungsdauer: 25 Minuten.

Quarkroulade „Higgins“

125 g Mehl
1 Prise Salz
1 Eigelb
10 g Butter
2 Eßlöffel Sahne
2 Eßlöffel Semmelbrösel
2 Eigelb
125 g Zucker
40 g Butter
300 g Quark
50 g Rosinen
50 g Mandeln
2 Eßlöffel Zucker
2 Eiweiß
zu Schnee schlagen

Mehl als Kranz auf das Backbrett sieben. Salz, Eigelb, Butter, Sahne und 2 Eßlöffel lauwarmes Wasser in die Mitte geben und alles miteinander zu einem Teig verkneten. Den Teig dann zu einer Kugel formen, mit Pergamentpapier umwickeln und 20 Minuten ruhen lassen. Anschließend den Teig sehr dünn ausrollen. Mehl auf beiden Seiten abpinseln und über die Oberfläche flüssige Butter und Semmelbrösel verteilen. Eigelb mit Zucker und Butter schaumig rühren, den Quark durch ein Sieb passieren, Rosinen und Mandeln zufügen und den Schnee unterheben. Diese Füllung auf den Teig verteilen, dann beide Seiten schmal einschlagen und die Rolle locker zusammenrollen. In den gewässerten RÖMERTOPF die Quarkrolle legen und mit zerlassener Butter bestreichen. In der geschlossenen Form im Ofen bei 250 Grad rund 80 Minuten backen. Zum Servieren reichlich mit Puderzucker bestreuen und mit Schlagsahne garnieren.

Für 4 Personen.

Als Getränk: Vanille-Milch-Shake

Vorbereitungsdauer: 25 Minuten.

Badischer Pflaumenauflauf

5 Brötchen, in Würfel geschnitten
1/2 l Milch

Erdbeermarmelade mit Whisky, Seite 154 →

3 Eßlöffel Rum
100 g Rosinen
je eine Prise Zimt- und Nelkenpulver
100 g Butter
100 g Zucker
1 Tüte Vanillezucker
4 Eigelb
1 Tüte Puddingpulver, Zitronengeschmack
4 Eiweiß
500 g Bühler Pflaumen, entsteint

Die Brötchen in einer Schüssel mit Milch übergießen und durchweichen. Rosinen mit Rum überträufeln, Zimt- und Nelkenpulver daruntermischen und ebenfalls 10 Minuten durchziehen lassen. Butter schaumig rühren und mit Zucker, Vanillezucker und den Eigelben so lange schlagen, bis eine cremige Masse entstanden ist. Dann das Puddingpulver hineinrühren. Diese Masse mit den eingeweichten Brötchen und den Rosinen mischen. Eiweiß zu steifem Schnee schlagen und mit einem Schneebesen locker unter die Masse heben. Einen vorbereiteten RÖMERTOPF mit Semmelbröseln ausstreuen. Schichtweise Brötchenteig und Pflaumen in den Topf einfüllen. Die letzte Schicht soll Teig sein. Im Ofen bei 200 Grad etwa 60 Minuten backen.

Für 8 Personen.

Als Getränk: Badischer Weißwein.

Vorbereitungsdauer: 15 Minuten.

Schwäbischer Kirschauflauf

600 g Sauerkirschen entsteint
2 Eßlöffel Kirschwasser
100 g feinen Zucker
1 Tüte Vanillinzucker
50 g Mehl
1/4 l Milch
2 Eigelb
1 Prise Salz
abgeriebene Schale einer halben Zitrone
2 Eiweiße
1 Eßlöffel Puderzucker

Die vorbereiteten Sauerkirschen mit Kirschwasser beträufeln und zugedeckt durchziehen lassen. In der Zwischenzeit Zucker, Vanillinzucker und Mehl mit einem Schneebesen unter die Milch rühren und kräftig durchschlagen, damit sich keine Klümpchen bilden können. Eigelb, Salz und Zitronenschale zufügen; zum Schluß das zu steifem Schnee geschlagene Eiweiß locker darunterheben. Die Kirschen in die vorbereitete Tonform geben, die Masse darüberfüllen und 20 Minuten in der geschlossenen Form im Ofen bei 250 Grad backen; den Auflauf anschließend weitere 20 Minuten in der offenen Form garen.

Für 4 Personen.

Als Getränk: Badischer Weißwein.

Vorbereitungsdauer: 10 Minuten.

Apfelsinen-Auflauf

4 Tassen Reis
4 Tassen Milch
75 g Zucker
250 g Sahnequark
1 Tüte Vanillezucker

75 g Sultaninen
1 Gläschen Orangenlikör
2 in Zuckersirup eingelegte Orangen, in feine Streifen geschnitten
3 Apfelsinen, dick geschält, in Würfel geschnitten

Einen RÖMERTOPF 10 Minuten in kaltes Wasser legen, dann abtropfen lassen und den Reis hineinfüllen. Milch und Zucker dazugießen, den Topf verschließen und im Ofen bei 200 Grad 30 Minuten vorgaren. Sahnequark mit Vanillezucker, Sultaninen und Orangenlikör verrühren. Orangenstreifen und Apfelsinenwürfel dazugeben und alles zusammen unter den Reis mischen. Den RÖMERTOPF wieder abdecken und nochmals 30 Minuten bei gleicher Temperatur fertig garen. Der Auflauf schmeckt heißt und kalt.

Dazu: Orangensaft.

Als Getränk: Weißer Bordeauxwein.

Für 6 Personen.

Vorbereitungsdauer: 3 Minuten.

Mirabellen-Grießauflauf

500 g Mirabellen
$^1/_2$ l Milch
1 Prise Salz
abgeriebene Schale einer halben Zitrone
125 g Grieß
60 g Butter
50 g Zucker
1 Tüte Vanillezucker
4 Eigelbe
4 Eiweiße
100 g Sultaninen

Einen RÖMERTOPF 10 Minuten in kaltes Wasser legen. Dann abtropfen lassen. Die Mirabellen waschen und entsteinen, hineingeben. Die Milch mit dem Salz und der abgeriebenen Schale der halben Zitrone zum Kochen bringen und unter ständigem Rühren den Grieß hineinschütten. Den Grieß kurz aufkochen, dann abkühlen lassen. In einer Schüssel Butter, Zucker, Vanillezukker schaumig rühren und nach und nach die Eigelbe und löffelweise den Grießbrei daruntermischen. Zum Schluß die Sultaninen und den Eischnee mit einem Schneebesen locker darunterheben. Den Teig in den RÖMERTOPF über die Früchte füllen, den Deckel schließen und den Auflauf im Ofen bei 220 Grad etwa 80 Minuten backen. Zum Servieren mit Puderzucker bestäuben.

Dazu: Biskuits.

Als Getränk: Rotwein.

Für 6 Personen.

Vorbereitungsdauer: 10 Minuten.

Reispudding „Charlotte“

500 g Rundkornreis
1 Prise Salz
100 g Rosinen
$^1/_4$ l Milch
1 Dose Ananasscheiben, in Stücke geschnitten
100 g Butter

2 Tüten Vanillinzucker
100 g Zucker
5 Eigelb
abgeriebene Schale von 2 Zitronen
5 Eiweiß
10 rote Maraschinokirschen
6 Eßlöffel Kirschlikör
1/4 l Schlagsahne

Reis mit viel kaltem Wasser so lange waschen, bis das letzte Waschwasser blank bleibt. Dann 18 Minuten im Wasser kochen. Abgießen. Salz, Rosinen, Milch und Ananasstückchen in einer Schüssel mischen. Butter mit Vanillinzucker und 50 g Zucker schaumig rühren und die Eigelbe mit der Zitronenschale daruntermischen. Eiweiß und die übrigen 50 g Zucker zu festem Schnee schlagen. Dann Buttereigelbschaum und Schnee schnell unter den Reis heben. In den 10 Minuten gewässerten RÖMERTOPF die Reismasse hineinfüllen und die Oberfläche mit flüssiger Butter bestreichen. Die geschlossene Form im Ofen bei 240 Grad etwa 90 Minuten backen.
Zum Servieren den Pudding auf eine warme Platte stürzen, die übrigen Ananasscheiben darauf verteilen und mit Maraschinokirschen und Schlagsahne verzieren. Kirschlikör darüberträufeln.

Für 4 Personen.

Als Getränk: Trockener Portwein.

Vorbereitungsdauer: 20 Minuten.

Süßer Auflauf „Peter Tilke“

50 g Butter
4 Eßlöffel Weinbrand
4 Eßlöffel Curaçao
250 g Ananas
8 Eiweiß
50 g Puderzucker
5 Eigelb
1 Tüte Vanillinzucker
40 g Mehl

Einen RÖMERTOPF 10 Minuten in warmes Wasser legen und dann ausgießen. Butter, Weinbrand und Curaçao darin zerlaufen lassen. Ananasstücke in Stücke schneiden und in die Form legen. Eiweiß mit Puderzucker zu festem Schnee schlagen, Eigelb und Vanillinzucker schaumig rühren. Mehl und Eigelbzucker mit dem Schneebesen unter den Schnee heben. Diese Masse über die Ananasstückchen gleichmäßig in der gebutterten Form verteilen. Diesen Auflauf im Ofen bei 240 Grad etwa 65 Minuten backen. Evtl. nach 10 Minuten ohne Deckel garen, um die Oberfläche zu bräunen. Zum Servieren mit Puderzucker bestreuen und an den Rand halbe Ananasscheiben mit je einer Maraschinokirsche legen. Dann mit einem großen Löffel ausstechen.

Für 2 Personen.

Als Getränk: trockener Sekt.

Vorbereitungsdauer: 10 Minuten.

Dampfnudeln „Resi“

250 g Mehl
2 Eier
2 Eßlöffel Butter
1/2 Tasse Milch

$^1/_2$ Teelöffel Salz
30 g Hefe
$^1/_4$ l Milch
125 g Butter
1 Tüte Vanillinzucker

Mehl als Kranz auf ein Backbrett sieben, Eier, Butter, Milch, Salz und Hefe in die Mitte geben und zusammen verkneten. An einem warmen Platz etwa 90 Minuten gehen lassen. Den RÖMERTOPF wässern und die Milch, Butterflöckchen und Vanillinzucker hineingeben. Dann mit einem Löffel mittelgroße Stücke vom Teig abstechen und in die Tonform setzen. Ein Tuch darüber decken und nochmals an einer warmen Stelle 30 Minuten aufgehen lassen. In der geschlossenen Form im Ofen die Nudeln bei 250 Grad etwa 45 Minuten dünsten lassen. Zum Servieren Weinsoße dazu.

Für 4 Personen.

Als Getränk: Kaffee verkehrt.

Vorbereitungsdauer: $1^1/_2$ Stunden.

Quittenmus mit Eierlikör

1 kg Quitten
1/4 l Wasser
600 g Zucker
Saft einer Zitrone
1/8 l Eierlikör

Die Quitten mit einem Tuch abreiben. Blütenrest, Stiele und schadhafte Stellen mit herausschneiden. Die Früchte grob zerkleinern. Sie dann zusammen mit dem Wasser, Zucker und Zitronensaft in den RÖMERTOPF füllen. Alles zusammen etwa 90 Minuten bei 220 Grad im Ofen einkochen lassen. Die Masse anschließend durch ein Sieb streichen, mit Eierlikör verrühren und sofort in Gläser füllen.

Dazu: Schlagsahne.

Für 6 Personen.

Vorbereitungsdauer: 10 Minuten.

Erdbeermarmelade mit Whisky

750 g Erdbeeren
600 g Gelierzucker (evtl. mit Vitamin C)
1 Stange Vanille, ausgeschabt.
1/8 l Whisky

Die Erdbeeren waschen, abtropfen lassen, die Stiele entfernen und große Früchte halbieren. Die Erdbeeren mit dem Gelierzucker in den gewässerten Tontopf geben und miteinander vermischen; Vanillemark zufügen und über das Ganze einen Teil Whisky träufeln.

Die Form schließen und 30 Minuten stehenlassen, dann im Ofen bei 200 Grad etwa 90 Minuten zur Marmelade einkochen lassen. Diese anschließend mit dem übrigen Whisky verrühren, sofort in Gläser füllen und wie üblich verschließen.

Vorbereitungsdauer: 15 Minuten.

Familien-Obstschüssel

500 g Birnen, geschält, entkernt, geviertelt
500 g blaue Pflaumen oder Zwetschgen
250 g Äpfel, geschält, entkernt, in Scheiben geschnitten
250 g Rhabarber, geputzt, in Stücke geschnitten
1 Stange Zimt
3 Gewürznelken
dünn geschälte Schale einer Zitrone
200 g Zucker
1 Stange Vanille
3/8 l Wasser
2 Gläschen Birnengeist

Einen RÖMERTOPF 10 Minuten in kaltes Wasser legen, dann abtropfen lassen. Die Birnenstücke hineinlegen, Pflaumen waschen, entkernen und darüberschichten. Dann die vorbereiteten Äpfel und Rhabarber dazugeben und das ganze Obst mit Zimt, Nelken, Zitronenschale und Zucker in der Form mischen. Das Mark aus der Vanillestange mit dem Wasser verrühren, über das Obst gießen und alles zusammen in der geschlossenen Form im Ofen bei 240 Grad etwa 45 Minuten garen. Zum Servieren das Kompott mit Birnengeist abschmecken. Es schmeckt heiß oder abgekühlt.

Dazu: Topfkuchen.

Als Getränk: Kaffee.

Für 4 Personen.

Vorbereitungsdauer: 10 Minuten.

Rezeptregister

Bildtafeln